技术经济与创新丛书

中国社会科学院数量经济与技术经济研究所项目组
———— 著

颠覆性技术创新生态路径研究

中国科学技术出版社
·北 京·

图书在版编目（CIP）数据

颠覆性技术创新生态路径研究 / 中国社会科学院数量经济与技术经济研究所项目组著. -- 北京：中国科学技术出版社，2022.10

（技术经济与创新丛书）

ISBN 978-7-5046-9740-0

Ⅰ.①颠⋯ Ⅱ.①中⋯ Ⅲ.①企业创新—研究 Ⅳ.① F273.1

中国版本图书馆 CIP 数据核字（2022）第 134057 号

策划编辑	申永刚　王　浩	责任编辑	杜凡如　申永刚
封面设计	马筱琨	版式设计	蚂蚁设计
责任校对	邓雪梅	责任印制	李晓霖

出　　版	中国科学技术出版社
发　　行	中国科学技术出版社有限公司发行部
地　　址	北京市海淀区中关村南大街 16 号
邮　　编	100081
发行电话	010-62173865
传　　真	010-62173081
网　　址	http://www.cspbooks.com.cn
开　　本	710mm×1000mm　1/16
字　　数	166 千字
印　　张	12.5
版　　次	2022 年 10 月第 1 版
印　　次	2022 年 10 月第 1 次印刷
印　　刷	河北鹏润印刷有限公司
书　　号	ISBN 978-7-5046-9740-0/F・1032
定　　价	89.00 元

（凡购买本社图书，如有缺页、倒页、脱页者，本社发行部负责调换）

中国社会科学院数量经济与技术经济研究所项目组
颠覆性创新团队

组长 | 李 平　吴 滨

成员 | 高洪玮　韦结余　刘建翠
　　　　朱承亮　周祥真　李杭航
　　　　皇甫笑宇　陈馨雨

"技术经济与创新丛书"编委会

名誉主任：孙晓郁　罗冰生
主　　任：李平
副 主 任：李志军
编　　委：王宏伟　王宗军　王祥明　王昌林　王稼琼　牛东晓
　　　　　田杰棠　邢小强　吕　薇　任福君　买忆媛　李开孟
　　　　　吴　滨　吴贵生　张米尔　张宗益　杨德林　胡志坚
　　　　　胥和平　徐成彬　黄检良　黄群慧　蔡　莉　穆荣平
学术秘书：何　冰

序言

习近平总书记强调,我们要"以关键共性技术、前沿引领技术、现代工程技术、颠覆性技术创新为突破口,敢于走前人没走过的路,努力实现关键核心技术自主可控,把创新主动权、发展主动权牢牢掌握在自己手中"。技术和科学事关经济增长和人类长期福祉,创新则是科技不断进步的推动器,在当今异常激烈的国际竞争面前,在单边主义、保护主义上升的大背景下,我们必须走适合我国国情的创新之路,特别是要把提升原始创新能力摆在更加突出的位置,努力实现更多"从0到1"的突破。深入研究与分析国家创新体系建设工作的开展情况,对"十四五"时期强化战略科技力量,加快从要素驱动发展向创新驱动发展的转变,助力实现高水平科技自立自强具有重要意义。

中国科学技术出版社以申报国家"十四五"重点图书出版规划项目为契机,邀请中国技术经济学会组织专家团队在充分调研的基础上推出了以"技术经济与创新"为主题的系列丛书,这套丛书从产学研协同创新与区域创新绩效研究、颠覆性技术创新生态路径研究、多边平台视角下的技术转移与技术交易、市场导向的绿色技术创新体系研究四个维度对国家创新体系建设进行了深入剖析,通过丰富的技术创新理论、政策与案例,既体现了国家把创新置于现代化建设全局核心位置的重要导向,又为培育壮大经济发展新动能打下了坚实的理论与实践基础。

《产学研协同创新与区域创新绩效研究》以异质性创新网络结构视角下我国区域产学研协同创新与区域创新绩效关系为研究对象,通过全面分析产学研协同创新网络结构对区域创新绩效的影响机制及区域创新绩效影响因素的实证分析，为我国区域创新绩效的提升与对应的政策制定提供了可靠依据；同时也为加强我国区域产学研协同创新与网络结构优化提供了理论依据与政策建议。

《颠覆性技术创新生态路径研究》以颠覆性技术创新生态路径作为研究对象，从创新生态系统的角度，研究在颠覆性技术创新的不同阶段，在科学突破—技术选择—技术锁定的不同时期，创新生态系统中的创新主体、创新要素、创新环境、创新机制等的演化特点和规律，并对其整体演化路径和规律进行总结，提出了颠覆性创新发展的相应政策建议。

《多边平台视角下的技术转移与技术交易》从多边平台的视角，围绕技术转移和技术交易，系统梳理了技术研发、技术市场、技术定价、相关政策以及多边平台等领域的研究进展，分析了技术市场和技术交易的基本内容，梳理了技术成果的评估和评价方法，对技术交易价格的形成机制进行了探索，对技术交易平台的业务功能和商业模式进行了研究，并讨论了技术转移和技术交易中的知识产权等问题。

《市场导向的绿色技术创新体系研究》立足于绿色技术、市场导向和创新体系三个层面，尝试对以市场为导向的绿色技术创新体系进行理论分析，同时介绍了国内外绿色技术创新体系建设的宝贵经验，以期加快构建适合我国国情的市场导向绿色技术创新体系从而强化科技创新引领，并成为推进经济可持续发展和实现生态文明建设要求的重要支撑。

在编写本丛书的过程中，中国技术经济学会李平理事长、中国社会科学院数量经济与技术经济研究所吴滨研究员、四川大学颜锦江教授和吴鹏教授、成都大学吴中超教授以及他们的研究团队付出了极大的努力，编写组研究过程中，也得到了众多专家的大力支持，在此一并表示感谢！

中国技术经济学会

2022年8月

目录
CONTENTS

第一章　颠覆性技术创新概述

一、颠覆性技术创新的发展脉络　003

二、颠覆性技术创新的内涵　008

三、颠覆性技术创新的特征　011

四、颠覆性技术创新的分类　012

本章参考文献　016

第二章　创新生态理论概述

一、创新生态系统的理论演变　021

二、创新生态系统概述　025

三、创新生态系统的理论基础　031

本章参考文献　036

第三章　颠覆性技术创新生态理论基础

一、颠覆性技术创新阶段划分　041

二、颠覆性技术创新生态　057

三、颠覆性技术创新生态路径分析框架　060

本章参考文献　062

第四章　科学突破阶段创新生态分析

一、创新主体分析　067

二、创新要素分析　071

三、创新环境分析　077

本章参考文献　082

第五章　技术选择阶段创新生态分析

一、创新主体分析　087

二、创新要素分析　100

三、创新环境分析　103

本章参考文献　111

第六章　技术锁定阶段创新生态分析

一、创新主体分析　115

二、创新要素分析　119

三、创新环境分析　122

本章参考文献　129

第七章　颠覆性技术创新生态路径演化——以智能交通为例

一、我国智能交通的发展阶段　133

二、智能交通创新生态演化规律　141

本章参考文献　174

第八章　我国颠覆性技术创新生态建设现状及启示

一、我国颠覆性技术创新生态建设现状　177

二、颠覆性技术创新生态建设启示　182

本章参考文献　188

第一章

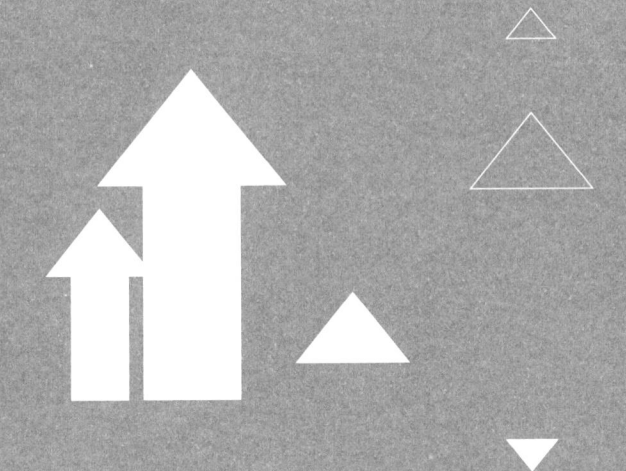

颠覆性技术创新概述

一、颠覆性技术创新的发展脉络

（一）颠覆性技术创新的源起

自熊彼特（Schumpeter）提出"创造性破坏理论"后，关于创新的研究就开始层出不穷。技术和组织的创新是不断演化和发展的，与此相对应的理论解释也会随之演化和发展。从熊彼特的研究出发，后续研究逐渐深化和完善，相关理论也持续发展。不同的研究提出各种概念来阐释创新的发展及其影响。一般来说，主流研究将技术创新分为两类，尽管它们在不同的历史时期有不同的名称，但都表达了相似的含义：第一类是非连续性的创新，相似的概念还有革命性、突破性、根本性的技术创新；第二类是连续性的创新，相似的概念还有演化性、渐进性的技术创新。还有学者提出了能力加强型不连续创新和能力破坏型不连续创新，以及模块创新和架构创新等相关概念。其中，创新对新入者和在位者的影响是研究的一条重要脉络。

杜瓦（Dewar）和达顿（Dutton）等学者区别了突破性创新和渐进性创新，认为突破性创新是基于不同的科学与工程原理、包含较高程度的新知识、可以开发出全新的市场和潜在的应用的创新；而渐进式创新则注重在现有产品中引入细微的变化、对现有设计的潜能进行更为充分的挖掘。他们将研究的重点放在何种组织、战略或结构等易产生或采纳突破性创新或渐进性创新，由于纯粹从技术角度出发，还未涉及创新对新入者和在位者的影响[1]。

迈克尔（Michael）和菲利普（Philip）基于公司能力，进一步解释和拓展了突破性创新和渐进性创新，同时还剖析了能力加强型不连续创新和能力破坏型不连续创新[2]。根据他们的观点，能力破坏型不连续创新是一种与既有技术完全不同的创新,尽管它会损害现有企业的创新能力,但却可以形成一种崭新的生产模式。在对概念进行辨析的基础上,他们运用行业数据进行实证分析,发现能力加强型不连续创新大多集中于在位企业,而能力破坏型不连续创新则大多集中于新入企业。他们研究的重点既包括两种创新是如何产生的,也包括产品和流程创新对环境的影响,并且基于对新入企业和在位企业之间优势和劣势的分析,发现新入者可以在一些产品中实现对在位者的替代,在一定程度上考虑到了新旧企业的博弈。1990年,迈克尔和菲利普又提出了主流设计的概念,认为主流设计是一个在某品类中具有支配地位的架构,是经过能力破坏不连续创新后形成的,具有突破性创新的性质。基于主流设计的概念,他们还搭建了一个较为系统的理论体系,并围绕主流设计对创新周期进行了实证研究,但他们在新旧企业的博弈问题上仍然缺乏较为有力的理论解释[3]。

1990年,丽贝卡(Rebecca)和凯姆(Kim)从实际案例中发现,即使是细微的创新也可能会产生巨大的竞争优势,甚至颠覆在位企业,从而提出包含模块创新和架构创新的一种新的理论模型,如图1-1所示,这个模型通过核心概念和产品架构两个维度区分模块创新、架构创新、渐进创新和突破创新[4]。他们认为架构创新是一种在保留产品部件及部件所蕴含的核心设计概念的基础上,改变产品架构有效性的创新;模块创新是一种只改变核心概念而保留产品架构的创新;而突破创新和渐进创新则是两个维度的极端状态。从该模型出发,丽贝卡和凯姆认为架构创新并不属于突破性创新。从某种程度上看,丽贝卡和凯姆已经开始重视对新入者与在位者之间博弈关系的研究,他们在基于半导体光刻技术架构创新的案例研究中发现,架构创新实现了新入企业对现有企业的替代,尽管其研究在理论上的贡献有限,但为后续颠覆性创新概念和理论的发展奠定了一定的基础。

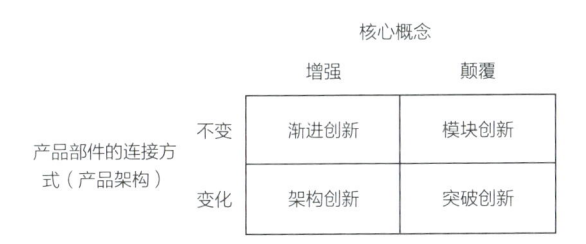

	核心概念	
	增强	颠覆
产品部件的连接方式（产品架构） 不变	渐进创新	模块创新
变化	架构创新	突破创新

图 1-1　定义创新的概念框架

（二）克里斯坦森的颠覆性创新理论

在这些研究的基础上，克里斯坦森（Christensen）对新入者和在位者的博弈案例进行研究分析并发现，尽管部分大企业可以通过连续性创新在一段时间内持续获取竞争优势，但这种情况并不能持续，当其所提供的技术水平大幅高于客户需要时，这些企业往往会被技术水平和成本均较低的小企业所替代。由此他提出了经典的"颠覆性创新理论"，界定了颠覆性创新和持续性创新的概念，从而对持续创新的在位企业为何会被新入的小企业替代这一问题进行了深入的剖析与解释。

克里斯坦森和雷纳（Raynor）把颠覆性创新分为主流市场低端颠覆性创新和新市场颠覆性创新，他们认为企业一般可以通过三种方式获得创新：一是为高端市场消费者提供较现有产品而言新的改进产品；二是为实际需求小于当前市场技术供给水平的低端市场消费者提供具有更低价格的替代产品；三是积极挖掘当前市场范围没有覆盖到的新兴市场消费者的需求，并为其提供产品和服务。

其中，通过满足高端市场消费者需求开展的创新是持续性创新，而通过为低端市场和新兴市场消费者提供服务而开展的创新则分别为低端市场颠覆性创新和新市场颠覆性创新，后两者是我们所关注的颠覆性创新的范畴[5]。

低端市场颠覆性创新是指针对低端市场需求所开展的，提供较低水平主要性能产品从而收取较低价格的一种创新类型。从典型企业来看，奥特莱斯、沃尔玛等服务业均属于此类。低端市场颠覆性创新一般首先瞄准低端市场，以价格低廉的产品切入市场，并通过实力的积累逐步发展壮大，最终由下而上侵入高端市场，完成替代。低端市场颠覆性创新的典型案例是小钢厂案例。第二次世界大战后，美国出现了很多小钢厂，与大钢厂相比，小钢厂有20%的成本优势，它们从钢材中最低端的钢筋、角钢一步步切入，而大钢厂最初并没有重视这些小钢厂，因为放弃这些毛利低的业务反而可以使大钢厂降低成本、改善财务状况，但这其实带来重大失误。从低端进入，不等于永远低端，小钢厂最终把最高端的钢板市场也纳入自己的业务领域，所以大约在20世纪90年代末，北美许多大钢厂相继倒闭，小钢厂从而实现了对大钢厂的颠覆。

新市场颠覆性创新是指针对新兴市场需求所开展的，提供较低水平主要性能和辅助性能产品从而收取较低价格的一种创新类型，它通过锁定现有产品没有服务到的顾客群体而拥有更加广阔的市场。基于效用理论，随着产品主要性能的供给持续增加，其效用开始下降，而辅助性能的效用开始逐步增加，原来关注主要性能的消费者开始重视辅助性能，从而进入颠覆性市场。新市场颠覆性创新的典型案例是硬盘案例。20世纪80年代，昆腾公司等几家新兴企业开始生产尺寸更小的8英寸硬盘驱动器，容量只有几十兆，而当时硬盘驱动器行业的主要客户，大型计算机制造商需要的是14英寸的大容量硬盘驱动器，对这些小尺寸硬盘毫无兴趣。因此，昆腾公司等企业只能把产品卖给新兴的小众市场——微型计算机市场。随着技术的进步，20世纪80年代中期，8英寸（1英寸=2.54厘米）硬盘驱动器的销量也开始下滑，昆腾不断推出体积更小的5.25英寸、3.5英寸硬盘。于是，14英寸硬盘驱动器制造商很快就被淘汰出局，淘汰率达到100%，8英寸硬盘驱动器成功替代14英寸硬盘驱动器成为市场主流。

那么颠覆性创新是如何产生的呢？首先，当基于创新活动而产生的新技术初次进入市场时，消费者对于该技术产生的产品和服务所带来的特定性能的认可和接受不是当下立即发生的，而是需要一定的时间。消费者行为的这种特征意味着，基于创新活动产生的新技术所转化的产品和服务只有在本类产品的性能对消费者的效用提升达到某一最低幅度时才能对消费者的决策产生影响。反之，如果某一产品所具有的性能已经给消费者带来了足够大的效用改善，性能的继续改良无法再给消费者带来额外的效用增加时，产品性能的改善将无法改变消费者的决策。此时，对于消费者来说，产品性能达到峰值，产品的进一步改善会使性能超出消费者的需求，出现"性能过度供给"，从而催生了以低性能产品研发为主的颠覆性创新。一般来说，只有一项新技术的性能达到消费者能够接受的程度时，才会对消费者的购买行为产生影响，从而创造新的市场。除了性能过度供给外，颠覆性创新的产生还与价格差异密切相关。也就是说，在为消费者提供同样能够满足其性能需求的产品和服务的前提下，更低的产品和服务价格会对消费者产生更强的吸引力，这也是颠覆性创新企业能够替代在位企业的重要原因。

颠覆性创新产生的条件就决定了颠覆性技术创新具有低主要性能和低价格的特征。在初创时期，颠覆性创新成果一般表现为不能满足主流市场客户、性能较低且结构简单的产品，因此，它们的价值总是容易被传统的主流消费者低估，获得较低的边际利润。但也正是由于颠覆性创新被业内在位企业理解为"低端"的，容易被在位企业忽视，才有机会发展壮大，不断提高产品主要性能及辅助性能，破坏在位企业已有的技术进步轨迹，在低端市场或新兴市场中实现价值，并逐步向高端市场和主流消费者进军，最终重新定义所在行业的商业范式和价值构成。因此，颠覆性创新理论就可以解释为什么在位企业基于当前价值网络背景下做对的事情却仍有可能会被新进入者颠覆。例如，20世纪80年代，市场上的主流相机为胶片相机，所以当1981年索尼推出第一台使用软盘存储图像的可换镜头数码相机马维卡（Mavica）时，由于画质和存储体验等问题的出现，该数码相机并未引起消费者的重视。但是在数次技术迭代和其他厂商的迅速跟进后，数码相机最终取代了胶片相机，这一过程就属于颠覆性创新。尽管最初没有被主流市场重视，但随着技术变轨，颠覆性创新成果的性能得到显著提高，最终迎合主流市场客户的要求，甚者可能会取代在位企业。

克里斯坦森的颠覆性创新理论对困扰研究界已久的"亚历山大困境"进行了解释，即在位企业在面临新技术调整时被后发企业替代。通过对克里斯坦森的颠覆性创新理论研究历程的梳理，可以发现，颠覆性创新具有两个显著的特征：第一，颠覆性创新是脱离原有创新轨迹而进行的技术、产品或管理模式创新；第二，由于不遵循传统的发展轨迹，新入企业的颠覆性创新可能创造出新的价值链和产业业态。除了经济学领域对颠覆性技术进行的深入研究，颠覆性技术还引发了科技和军事部门的关注。美国早在1958年就创立了美国国防高级研究计划局，专门致力于将技术突破性、效果颠覆性和研发高风险等理念应用于尖端科技研发，保持美国尖端科技优势，产生和孵化出一系列颠覆性技术。颠覆性技术与经济、科技和军事的密切关联意味着颠覆性技术创新的复杂性，它是一个具有多重视角的复杂概念。

二、颠覆性技术创新的内涵

1995年，哈佛大学商学院教授鲍尔（Bower）和克里斯坦森在《颠覆性技术的机遇浪潮》一书中首次界定了颠覆性技术的内涵，他们认为颠覆性技术是可以颠覆现有技术或主流技术的一类技术，其不局限于全新的技术，也可以是已有技术的新组合[6]。1997年，克里斯坦森进一步在其专著中诠释了"颠覆性技术"的内涵，将其定义为以意想不到的方式替代现有主流技术，且具有显著的经济性和便捷性的技术[7]。2003年，克里斯坦森在《创新者的解决方案：创造和维持成功的增长》一书中将"颠覆性技术"发展为"颠覆性创新"，并提出颠覆性创新是一种基于传统技术提供的具有较低性能的新产品、新服务、新程序和新模式，以正好满足消费者需求，而颠覆主流市场的创新形式；并将颠覆性创新分为主流市场低端颠覆和新市场颠覆[8]。他认为各类技术是颠覆性创新的基础，新入企业利用各种技术及组合开展颠覆性创新，并以此实现对在位企业的部分或完全替代。

颠覆性技术概念提出后，大量学界和业界的研究者对颠覆性技术的概念进行了延伸和拓展，其已由最初的商业领域拓展到科技、军事、国防和社会等各个领域，研究范围也由最初的市场竞争延伸到科技进步、产业发展和国家战略等更高的维度[9]。目前，机构和学界关于颠覆性技术的内涵剖析可以总结为以下三种基本类型。第一类是聚焦于颠覆性技术本身的特征进行研究；第二类是从颠覆效果出发对其概念进行界定；第三类则是从市场力量主导颠覆性技术创新的视角进行剖析。

首先，从技术视角出发，现有研究从技术特征和来源对颠覆性技术概念进行了补充和完善。丹尼尔（Danneels）基于克里斯坦森的研究，从颠覆性技术与持续性技术的差异视角对颠覆性技术的内涵进行界定，认为颠覆性技术是一种通过改善竞争绩效指标来增强企业竞争能力的技术[10]。索斯科（Sosic）等则认为，颠覆性技术是指初期主要提供低性能产品，但可以不断发展，逐渐侵蚀并最终占据主流市场的技术[11]。部分机构的概念界定则更加突出了颠覆性技术的先进性，美国国防高级研究计划局认为颠覆性技术是可以改变游戏规则的前沿技术，聚焦于原始概念创新[12]；美国国防研究与工程署则将颠覆性技术定义为基于现有系统和技术体系而产生和发展出的新兴主导性技术[13]。此外，部分学者从技术来源视角丰富了颠覆性技术的内涵，甘古利认为颠覆性技术既可以是一种全新的技术，也可以是已有技术的新组合。王志勇等认为，从来源看，颠覆性技术可分为由新概念和新原理衍生出的原始创新技术、支持装备创新的新使能技术以及基于多技术融合产生的新技术[14]。孙永福等认为，颠覆性技术是指通过科学原理创新应用或者技术集成创新而产生的一类技术[15]。类似地，刘安蓉等将颠覆性技术定义为通过创新原理、创新组合和创新应用开辟新的技术轨道并产生决定性影响的战略性创新技术[16]。

其次，从颠覆效果出发，现有研究一致认为颠覆性技术具有极强的变革性，并据此对其内涵进行剖析。2021年7月9日，中华人民共和国科技部发布的《科技部关于举办全国颠覆性技术创新大赛的通知》将颠覆性技术定义为"可改变游戏规则"的创新技术，具有颠覆现状的变革效果。具体来说，颠覆性技术不仅具有经济变革性，还具有社会和军事变革性。美国国家情报委员会将颠覆性技术定义为有可能导致美国地缘政治、军事、经济或社会凝聚力等国家实力指标显著退化或增强的技术。部分研究延续了克里斯坦森的思路，基于经济变革视角对颠覆性技术的内涵进行分析。德国联邦教研部提出，颠覆性创新是一种产生于既有技术或交叉领域，对现有商业模式和市场格局具有颠覆性效果的创新形式[9]。王安等提出，颠覆性技术可以推动生产方式变革[17]。孙永福等认为，颠覆性技术能够引发产业组织管理、产品制造生产以及商业运行等多种模式变革[15]。国际金融公司（IFC）认为颠覆性技术能够对社会经济产生变革性影响，在以其他技术为主导的新兴市场中能够快速发展和传播。在社会变革性方面，Investopedia公司认为颠覆性技术可以显著改变消费者、行业或企业运营方式，取代已有系统或习惯。麦肯锡则提出，颠覆性技术有极大地改变人类生活现状的潜力。在军事变革性方面，美国国防研究与工程署认为，颠覆性技术使军事力量结构、基础以及能力平衡发生根本性变革。美国国防高级研究计划局提出，颠覆性技术可以引领武器装备发展，在未来战争中创造决定性的颠覆效果。

最后，从市场力量主导颠覆性技术创新的视角出发，丹尼尔基于技术竞争力提出，颠覆性技术对企业之间竞争基础的影响主要是在市场的作用下产生的[10]。关于颠覆性技术进入市场的方式，部分研究延续了克里斯坦森的观点，认为颠覆性技术采用自下而上的形式，首先进入低端市场，随着技术性能的提升，在市场机制的拉动下逐步进入主流市场，从而实现对在位企业的颠覆。但部分研究提出颠覆性技术也可以首先从高端市场进入，并据此扩展了颠覆性技术创新的内涵。戈文达拉扬（Govindarajan）和科帕勒（Kopalle）研究认为，除了先从低端市场切入，颠覆性创新也可以首先立足于高端市场，通过提供更高性能与功能的产品和服务逐步进入主流市场[18]。周洋和张庆普将此类首先进入高端市场的颠覆性创新定义为高端颠覆性创新，并认为其不仅可以大幅提升当前市场的产品性能，还可以极大改善市场所需的新产品性能[19]。另外，金和莫博涅还提出一种"侧面包抄式"的颠覆，即基于一种尚未得到满足的新需求，从外围进入市场，逐步替代主流产品[20]。此外，唐斯和纽恩斯提出一种新的"大爆炸式"颠覆，这种颠覆可以同时进入三种市场，迅速取代已有技术，占领主流市场[21]。

三、颠覆性技术创新的特征

现有学者对颠覆性创新的特征进行了一定的总结，在技术方面，认为颠覆性创新具有新颖性、突破性、前瞻性、突变性、基础性、前沿性、潜藏性、变化速度快、对抗性等特征；在市场方面，认为颠覆性创新具有性能不断提升、价格便宜、简单便捷、低利润、主流企业忽视、市场广泛、产业爆发、价值跃升等特征；在影响效果方面，认为颠覆性创新具有经济革命、社会变革和军事变革等特征。总体来看，人们对颠覆性技术特征的认知仍然较为多样化，尚未达成一个较为一致的结论；且部分特征仅反映了某一类颠覆性技术的特征，没有反映颠覆性技术的本质。

基于颠覆性技术创新的概念和前期学者的研究，考虑到颠覆性技术创新以颠覆性技术为基础，颠覆性技术的内在特征和演进规律决定了颠覆技术创新的总体特征，本书主要基于颠覆性技术的特征对颠覆性创新的特征进行提炼。由于颠覆性技术具有替代性、破坏性、不确定性等特征，所以，综合来看，颠覆性技术创新的特征可提炼为以下几点[9]。

科学突破性。基础研究是科学之本、技术之源、创新之魂。科学突破是颠覆性技术产生的前提，所以，颠覆性技术创新必须是以科学突破作为先导，进而带动技术突破，从而产生颠覆性技术创新。

长周期性。颠覆性技术创新通过科学突破、技术变革和市场颠覆实现全链条的创新过程，具有长周期特征。具体来说，通过科学突破带动技术创新主体实现技术变革，同时价值主体通过价值共创、传递进行市场渗透，进而通过市场与技术的互动协调实现整个市场颠覆。

替代性。颠覆性技术是沿着新的技术轨道，使技术成本、技术性能或技术体系从根本上突破，新技术逐渐被市场接受，逐渐取代原有技术成为主导技术，从而对原有的技术体系和产业体系产生替代作用，进而完成技术替代、市场替代和产业替代，带来巨大的颠覆性效果。

产业爆发性。颠覆性技术本身具有成本和性能优势，在技术体系与价值体系的共同作用下，颠覆性产业逐步替代现有产业，最终成为主导产业，或者由于新技术的出现，产生新的应用领域，从而推动新产业的形成。从产业发展来看，颠覆性技术的优势会逐渐体现出来，被越来越多的市场主体接受。因此，在某一阶段颠覆性技术创新具有产业爆发性的特点。

价值跃迁性。随着颠覆新技术逐步取代现有的技术，新兴产业逐步取代原有的产业，颠覆性技术带动了技术体系与价值体系的优化重构，颠覆性技术创新也相应地实现了价值跃迁，实现了市场主体的转换。

四、颠覆性技术创新的分类

关于颠覆性技术创新的分类，最常见的是基于颠覆性技术创新产品进入市场的方式。从产品进入非主流市场的方式来看，无论是低端市场颠覆性创新还是新市场颠覆性创新，克里斯坦森最初提出的颠覆性创新都指首先进入低端消费市场的自下而上式颠覆性创新，后来的研究者又逐步拓展出首先进入高端消费市场的自上而下式颠覆性创新、首先进入利基市场的"侧面包抄式"颠覆性创新以及同时进入三个市场的"大爆炸式"颠覆性创新。

低端市场即金字塔底层市场，指市场用户对技术性能要求不高，支付能力较弱的未被开发的低收入群体市场。自下而上型颠覆性创新是指首先进入低端市场，以具有较低支付能力的低收入消费者为主要客户群体，以技术改进和优化的方式满足该群体的需求，并通过逐步提升性能逐步取代已有技术，占领主流市场的创新。初期不一定具有技术先进性，而是主要以较低价格提供较低性能产品进入边缘市场，一般利润较低，以市场驱动为主。液压挖掘机是典型的例子。相对于当时主流的缆绳驱动的挖掘机，早期的液压挖掘机价格相对便宜，但动力不足，因此，其瞄准郊区住宅开挖地下室这样一个边缘市场的需求开发了小型的挖掘机，逐步提升性能，并最终取代了缆绳驱动挖掘机。由于技术改进难度较低，改良后的技术很容易被其他企业模仿，基于此，要注重将多方力量利用起来，将提高管理规模化水平和提升价值转移效率有机结合，着力维护和改善系统的稳定。

高端市场是指市场用户对技术性能的要求较高，一般无法通过微小的技术改进得到满足，同时支付能力也较强的高收入群体市场。自上而下式颠覆性创新是指首先进入高端消费市场，以具有高支付能力的高收入消费者为主要客户群体，以重大技术突破的方式改进技术性能以满足目标市场需求，通过提升技术普适性，逐步由高端市场渗透至主流市场，最终实现主流市场消费水平提升的创新模式。由于相较于产品价格，高端消费者更为关注产品性能，因此自上而下式颠覆性创新的重点在于技术研发和产品性能改善，产品成本的压缩并不是此类创新的特征。因此，其技术来源一般以新技术为主，初期具有技术先进性，以较高价格提供较高性能产品进入主流市场，然后随着规模效应与技术进步价格逐步降低，实现对现有技术的替代，从而占据主流市场。市场的反应在颠覆过程中对技术改进具有重要作用，是技术持续改进的重要动力和加速源泉。与自下而上式颠覆性创新类似，这一创新模式也需要多方共同参与，但应降低独立主体参与数量，令产业系统内部主体完成创新过程。典型的高端市场渗透颠覆性创新案例包括数码相机、移动电话、数字多媒体播放器等。

利基市场是指消费者需求在当前主流市场下尚未得到挖掘和满足的细分市场。"侧面包抄式"颠覆性创新是指首先进入利基市场，从需求尚未得到满足的细分市场的实际需要出发开展技术研发，从而对产品性能进行改善，并通过产品应用范围的持续扩大完成对主流市场颠覆的一种创新形式。这种创新形式对技术改进的具体方式没有特殊要求，但一般以市场驱动为主，重点在于产品需求的确定。首先通常需要明确细分市场中消费者的潜在需求，然后基于具体需求研究技术的改进模式，实现技术和产品性能的优化，并有针对性地进行市场化。在此基础上，还应注重技术研发与市场环境的同步性，在产品投入市场之后，持续对技术进行优化，以使产品可以更好地与市场需求相匹配，在顺利实现产业化和相关主体价值获取的同时，不断扩大市场范围，最终完成对主流市场的颠覆。戴尔、西南航空等公司的成功都是"侧面包抄式"颠覆性创新的典型案例。

此外，唐斯等还提出一种会同时进入三种市场的新的"大爆炸式"颠覆性技术创新，它借助新技术的指数增长和成本不断降低，其产品和服务能够同时做到质量更优、价格更低且更具有针对性，可以在短时间内占领主流市场。此类颠覆性技术创新以技术驱动为主，在技术、产品与商业方面一起快速实现突破，以谷歌地图导航取代单机版全球定位系统导航仪为例，谷歌地图导航是免费的，在更新上比单机版全球定位系统导航仪方便，具有语音导航、实时交通情况查询等多种功能，并且能够与搜索、电子邮件等其他应用程序无缝连接，还可以针对用户的特定需求提供定制服务，在2009年面世之后，短短一年内谷歌地图导航用户超过100万，两年内进一步翻番，推出18个月后，单机版全球定位系统导航仪制造商的市值已经缩水高达85%。随着信息技术的快速发展，未来各种新兴领域都蕴藏着"大爆炸式"颠覆性技术创新的巨大可能，值得学界和业界的广泛关注。

除了这一划分方式，颠覆性技术创新还有一些其他的分类方式。比如，以颠覆程度为基础，颠覆性技术创新可分为产生于新原理和新发现的原始创新、来自现有技术的集成创新与应用，以及科学原理与成熟技术的转移与创新应用[17]。从颠覆效果出发，颠覆性技术创新可分为成功的颠覆性技术创新和失败的颠覆性技术创新，其中，成功的颠覆性技术创新可以推动产业实现革命性的突破，而失败的颠覆性技术则会慢慢消失[22]。以创新形成来源为基础，颠覆性技术创新可分为供给推动式和需求拉动式，供给推动式颠覆性技术创新主要由科学发现和技术发明推动，而需求拉动式颠覆性技术创新则主要由市场需求驱动。基于创新主体角度，颠覆性技术创新包含企业主导、科学推动和政府主导三种形式，其中，企业主导的颠覆性技术创新是由企业的商业化利益拉动而产生，以提升用户体验为目标不断推进的；科学推动的颠覆性技术创新是由大学和科研院所的科学突破而引致的；而政府主导的颠覆性技术创新是基于政府的战略需求展开的，以实现政府的战略任务为目标[23]。

本章参考文献

[1] FARIBORZ D. Organizational innovation: A meta-analysis of effects of determinants and moderators［J］. The Academy of Management Journal. 1991, 34（03）: 555-590.

[2] MICHAEL L T, PHILIP A. Technological discontinuities and organizational environments［J］. Administrative Science Quarterly. 1986, 31（03）: 439-465.

[3] PHILIP A, MICHAEL L T. Technological discontinuities and dominant designs: a cyclical model of technological change［J］. Administrative Science Quarterly. 1990, 35（04）: 604-633.

[4] REBECCA M H, KIM B C. Architectural innovation: the reconfiguration of existing product technologies and the failure of established firms［J］. Administrative Science Quarterly. 1990, 35（01）: 9-30.

[5] CHRISTENSEN C M, ANTHONY S D, ROTH E A. Seeing what's next: using the theories of innovation to predict industry change［M］.［S. L.］: Harvard Business Press, 2004.

[6] BOWER J L, CHRISTENSEN C M. Disruptive technologies: catching the wave［J］. Harvard Business Review, 1995（01）: 43-53.

[7] CHRISTENSEN C M. The innovator's dilemma: when new technologies cause great firms to fail［M］.［S. L.］: Harvard College, 1997.

[8] CHRISTENSEN C M, RAYNOR M E. The innovator's solution: creating and sustaining successful growth［M］. Boston: Harvard Business School Press, 2003.

[9] 吴滨, 韦结余. 颠覆性技术创新的政策需求分析——以智能交通为例［J］. 技术经济, 2020, 39（06）: 185-192.

[10] DANNEELS E. Disruptive technology reconsidered: a critique and research agenda［J］. Journal of Product Innovation Management, 2004, 21（04）: 246-258.

[11] HUANG X, SOSIC G. Analysis of industry equilibria in models with sustaining and

disruptive technology［J］. European Journal of Operational Research, 2010, 207（01）: 238-248.

[12] 魏俊峰, 赵超阳, 谢冰峰. 跨越现实与未来的边界: DARPA美国国防高级研究计划局透视［M］. 北京: 国防工业出版社, 2015.

[13] SHAFFER A R. Disruptive technology: an uncertain future［C］// Proceedings of the 6th Conference on Science and Engineering Technology, Charleston, 2005.

[14] 王志勇, 党晓玲, 刘长利, 等. 颠覆性技术的基本特征与国外研究的主要做法［J］. 国防科技, 2015, 36（03）: 14-17, 22.

[15] 孙永福, 王礼恒, 孙棕檀, 等. 引发产业变革的颠覆性技术内涵与遴选研究［J］. 中国工程科学, 2017, 19（05）: 1-108.

[16] 刘安蓉, 李莉, 曹晓阳, 等. 颠覆性技术概念的战略内涵及政策启示［J］. 中国工程科学, 2018, 20（06）: 7-13.

[17] 王安, 孙棕檀, 沈艳波, 等. 国外颠覆性技术识别方法浅析［J］. 中国工程科学, 2017, 19（05）: 79-84.

[18] GOVINDARAJAN V, KOPALLE P K. The usefulness of measuring disruptiveness of innovations ex post in making ex ante predictions［J］. Journal of Product Innovation Management, 2006, 23（01）: 12-18.

[19] 周洋, 张庆普. 高端颠覆性创新的技术演进轨迹和市场扩散路径［J］. 研究与发展管理, 2017, 29（06）: 99-108.

[20] 金, 莫博涅. 蓝海战略: 超越产业竞争, 开创全新市场［M］. 吉宓, 译. 北京: 商务印书馆, 2005.

[21] 唐斯, 纽恩斯. 大爆炸式创新［M］. 粟之敦, 译. 杭州: 浙江人民出版社, 2014.

[22] SLAVIN K V. Disruptive innovation concept［J］. Stereotactic & Functional Neurosurgery, 2012, 90（01）: 8.

[23] 朱承亮. 颠覆性技术创新与产业发展的互动机理——基于供给侧和需求侧的双重视角［J］. 内蒙古社会科学, 2020, 41（01）: 112-117.

第二章
创新生态理论概述

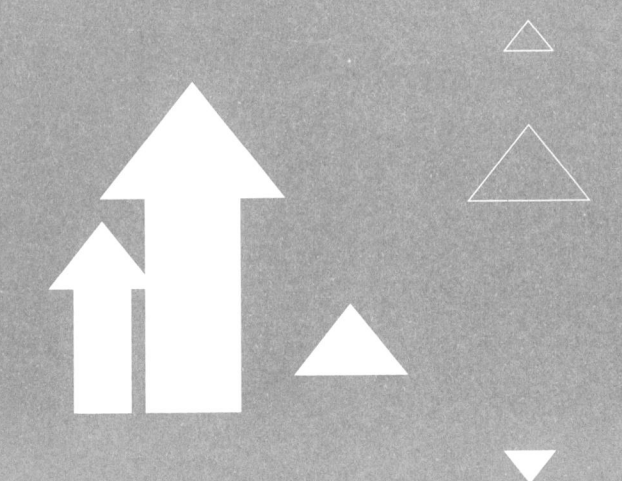

一、创新生态系统的理论演变

创新生态系统是创新系统与生态系统两个概念交叉形成的一个新概念，它的提出和发展经历了一个较长的过程。生态系统最早是生物学领域的概念，后延伸至其他领域。20世纪80年代，随着"创新"领域研究的不断拓展，创新系统的概念应运而生。20世纪末，美国硅谷创新发展水平的持续提升进一步催生了学者对创新生态的研究，由此产生了创新生态系统这一概念。三者之间的关系如图2-1所示。本节将详细阐述创新生态系统的理论演变。

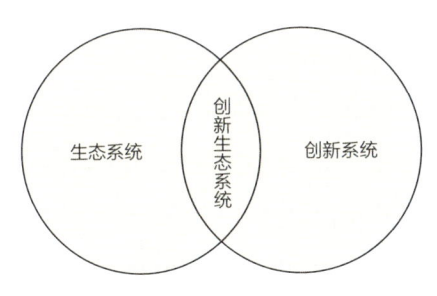

图 2-1 创新生态系统的理论演变

（一）从生态系统到创新系统

生态系统这一概念最早由英国生态学家坦斯利（Tansley）在1935年提出，基于生物学视角，生态系统是指自然界中的生物与其生存的环境共同构成的有机整体。在这一整体中，生物及其生存环境相互作用、相互制约。目前的研究发现，生态系统同样具有动态性、区域性、协同性、复杂性等普通系统所呈现出的特征。随着可持续发展理念的提出和发展，生态环境保护的重要性日益凸显，对生态系统的研究也日益深入。随着生态系统理论的不断演化和发展，生态系统的相关概念和理论体系开始应用于经济学和社会学等其他领域。20世纪70年代，这一理论逐渐被应用到经济学领域的研究中。最早将生态系统理论应用到商业发展中的是美国经济学家詹姆斯·F.穆尔（James F. Moore），1993年，他首次提出"商业生态系统"的概念。此后，学者们又从其他维度出发，先后提出了国家生态系统、区域生态系统、产业生态系统以及企业生态系统等概念。

随着"创新"问题得到广泛关注，创新系统的概念应运而生，大量学者针对创新系统展开了深入的研究，大体可以分为宏观和微观两个流派。朗德沃尔（Lundvall）是微观流派的代表，1985年，他最早将生态系统的思想运用于创新领域，首次提出"创新系统"这一概念[1]，并提出要基于"生产者-使用者"关系模型研究行动者之间的互动和影响。弗里曼（Freeman）和尼尔森（Nelson）等是宏观流派的代表，他们更为关注各国的宏观制度，对国家和区域创新系统展开研究。1987年，弗里曼首次提出"国家创新系统"这一概念。在其著作《技术政策与经济绩效：日本国家创新系统的经验》一书中，弗里曼指出，国家创新系统就是一个启动、引进、优化和扩散新技术的网络，这一网络由公共和私有部门共同构建，依靠各组成部分的活动和交互达成目标[2]。1992年，库克（Cooke）最早认识到"区域创新系统"具有重要意义[3]。1993年，尼尔森从不同国家或地区创新系统比较的视角出发，对国家创新系统进行研究[4]。20世纪90年代，经济全球化的深入发展大大增加了跨国家和跨区域的创新合作频率，这使得越来越多的学者认为创新系统不应受到国家和区域边界的制约，在更大的空间范围内提出了"产业创新系统"和"集群创新系统"等概念。

1994年，"国家创新体系研究项目"由经济合作与发展组织正式发起。1996年《以知识为基础的经济》和1997年《国家创新体系》[5]两个报告的先后发布，意味着各国对知识经济和国家创新体系的相关理论基本达成一致，国家创新系统研究开始转入决策论证阶段。根据《国家创新体系》报告，国家创新系统的相关研究认为，人、企业和制度之间的知识流动在创新过程中发挥着关键性的作用；国家创新系统的定义具有多样性，包括：在一个国家内部致力于产生、传播和应用具有经济效益的新知识的部门和机构及其相互关系的统一体；相互作用决定国家或企业的创新绩效和技术学习的一组机构；促进新技术改良和传播、为政府设计创新活动实施政策框架的不同特色机构的集合；等等。

（二）从创新系统到创新生态系统

与"创新系统"相关的研究产生于实践，因此，实践的变化往往也会影响"创新系统"相关研究的推进方向。20世纪下半叶，当国家创新系统这一概念提出时，学者将日本的赶超及快速发展归因为国家创新系统的建立和运行。但到了20世纪末期，日本经济发展开始逐渐萧条，甚至出现了"失落的十年"，经济一蹶不振；而美国则依靠制造业的复兴重新崛起，硅谷更是依托高技术产业成为经济繁荣发展的代表，这些实践中的现象都需要学者做出与时俱进的理论解释和探索。

美国硅谷创新发展水平的持续提升使创新生态的概念应运而生。2000年出版的《硅谷优势》[16]和2002年出版的《硅谷优势：创新与创业精神的栖息地》[17]是两本关于硅谷研究的著作。第一本著作认为，硅谷创新发展的优势在于其工业体系的形成以地区网络为基础，这种工业体系所带来的企业之间的协作和竞争在创新发展中发挥了巨大的作用。而第二本著作则指出，知识生态是硅谷取得难以复制的成功的最重要因素，硅谷聚集了大量的高科技企业，依托知识生态形成了强大的知识经济，因此，要从生态学的观点来看待硅谷高科技产业的创新发展。

1994年，克林顿政府发布《科学与国家利益》政策文件，该报告指出，当今时代的科技发展已不再是生产线形式的，而是呈现出生态系统的特征。作为克林顿政府发布的第一份涉及科学政策的总统报告，该报告具有重要指导意义。2003年，美国科技部门开展了一项与国家创新发展相关的研究，基于该研究产生的两个重要成果《维护国家的创新生态体系、信息技术制造和竞争力》报告和《维护国家的创新生态系统：保持美国科学和工程能力之实力》报告均将国家创新系统作为核心概念，并赋予了其在美国发展中的重要地位。2004年1月，第一个研究报告《维护国家的创新生态体系、信息技术制造和竞争力》发布。该报告提出，一个国家技术创新体系的发展和壮大需要"创新生态系统"动态而有活力。推动美国创新生态系统良性发展，一方面，要持续提升自主研发能力，加大对相关科学领域的资助力度，完善实验室等科技基础设施，增大中央政府和州政府之间的科技发展的协调性；另一方面，要加大教育投入力度，为国家创新发展培养更多的科学技术人才，同时还要增加对创业活动的鼓励和支持。2004年6月，第二个研究报告《维护国家的创新生态系统：保持美国科学和工程能力之实力》发布。这个报告指出，美国的创新生态系统是其经济全球领先的关键，它包含研发人员和创业者、研发中心、高水平研究性大学、劳动力、风险投资产业、政府支持下的基础研究等重要组成部分。国家在科学、技术、工程和数学等领域上的技术实力是驱动美国创新生态系统发展的核心要素，但近年来，技术人才的流失使美国的创新生态系统面临困境。

2004年7月，美国竞争力委员会发表的《创新美国：在挑战和变化世界中保持繁荣》也纳入了对"创新生态"的分析，并首次给出了一个"创新框架"。2005年发布的《创新美国：全国创新高峰会议和报告》进一步将中期报告提出的"创新框架"一词修正为"创新生态模型"。这两个报告均将创新视为美国在21世纪取得成功的唯一的、最重要的因素。通过优化组织的效率和质量，美国在过去的发展中实现了创新能力的大幅提升，而在未来，美国要进一步优化整个社会，通过建立企业、政府、教育家和工人之间的联系构建21世纪的创新生态系统，以实现创新能力的进一步提升。

日本与美国经济的发展在驱动"创新系统"发展为"创新生态系统"

中发挥了重要的作用。20世纪90年代，美国和日本都在国家层面进行了系列创新政策的调整，将创新生态视为国家创新发展的根基，逐步实现了由聚焦技术的创新政策向基于生态的创新政策的转变。目前，创新生态系统的概念得到了世界各国的普遍认同，并得到了广泛的重视，多次出现在国际组织的各类文件和报告中，各国的政策制定者也都在采取各种各样的政策和措施增强自身国家创新生态系统的建设，以提升国家竞争力，并从创新生态系统的视角对其他国家进行研究。

二、创新生态系统概述

（一）创新生态系统的定义

目前，国内外学者对创新生态系统的定义暂未形成共识，学者们从各个层面和不同视角对创新生态系统的构成、机制和功能进行了丰富的研究。

从国外学者的定义来看，美国斯坦福大学学者诺德福斯（Nordfors）认为，创新生态系统就是一个由监管者、商人、金融界人士、教育界人士共同组成的、有助于企业创新发展的社会环境和氛围。阿德纳（Adner）研究指出，创新生态系统是企业在整合自身的创新投入和产出时所产生的一种协同一致、面向客户的解决机制[8]。杰克逊（Jackson）认为，创新生态系统反映了以提升技术创新能力为目的的主体间复杂关系的经济动态性，并将创新生态系统定义为：由人和组织构成的、相互作用的、共同参与创新网络生产和使用的不同群落[9]。奥蒂奥（Autioe）和托马斯（Thomas）认为，创新生态系统是一个由相互联系的、从事创新活动的组织所构成的网络，这个网络以核心企业或平台为基础，同时纳入供给方和需求方的参与者[10]。

从国内学者的研究来看，黄鲁成认为，区域技术创新生态系统是指由一定空间范围内的技术创新复合组织与环境基于创新物质、能量和信息的流动而相互影响、相互依存所构成的系统[11]。余江认为，创新生态系统是创新企业及其相关组织间合作共赢的一种安排，由政府、企业等多个相互支撑的要素构成[12]。曾国屏等认为，创新生态系统是指一个以核心企业为基础，多方主体共同参与，主体与其周围环境相互影响，共同实现价值创造和利益共享的创新网络[13]。惠兴杰等将创新生态系统视为一个由多主体构成的复杂系统，这些主体相互影响，能够实现价值创造[14]。类似地，李万等也认为，创新生态系统是一个复杂系统，并将其定义为特定区域内的各种创新主体及环境基于物质流、能量流、信息流的连接而相互作用构成的开放系统[15]。柳卸林等认为，创新主体在有利于创新的外部环境下，以共同的愿景和目标为基础，协同整合内外部创新资源，构筑通道和平台，共同搭建的互利共赢的创新网络就是创新生态系统[16]。

综合来看，创新生态系统是指运用生态系统的思想和理论，将创新活动视为一个创新主体与其外部环境在资金、信息、技术、人才等要素的流动和传递下相互作用、互利共赢构成的一个复杂系统。在创新系统中，在外部环境提供的资源、设施和政策等支持下，创新主体通过技术、资金、人才等创新要素的流入和流出开展创新活动，同时与外部环境通过要素流动实现相互影响和协同演化。

（二）创新生态系统的构成

基于对创新生态系统的内涵剖析，创新生态系统是一个由创新主体及其周围环境相互作用而形成的复杂系统。从构成上看，创新生态系统作为一个复杂网络系统是由多要素共同构成的，具体来说，包括企业、高校和科研院所等创新主体，创新创业人才、资金、基础设施等创新要素，经济、政治、文化等各类创新环境以及市场主导、政府主导等创新机制。创新生态系统的构成要素如图2-2所示。

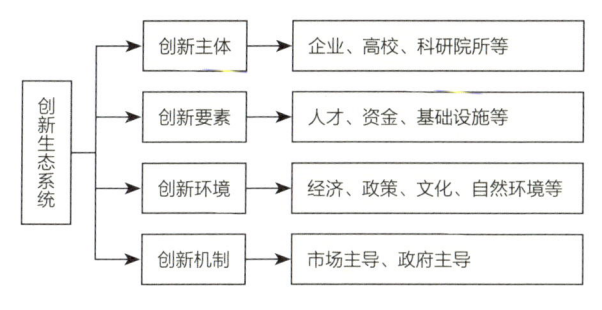

```
                    ┌─→ 创新主体 ──→ 企业、高校、科研院所等
创新                 │
生态  ───────────────┼─→ 创新要素 ──→ 人才、资金、基础设施等
系统                 │
                    ├─→ 创新环境 ──→ 经济、政策、文化、自然环境等
                    │
                    └─→ 创新机制 ──→ 市场主导、政府主导
```

图 2-2　创新生态系统的构成要素

创新主体指具有创新能力并实际开展创新活动的个人或社会组织，包括企业、政府、高校、科研院所等以及这些部门内的个人，各种主体优势互补，共同构成创新活动的主要载体。首先，企业是技术创新的关键主体。创新是市场选择的结果，而企业位于市场最前端，与市场关系最为紧密，是推动创新活动的生力军，其在应用研究和科技成果转化方面发挥着重要作用。在众多企业中，核心企业最为重要，其在创新生态系统中往往扮演着领导者的角色。其次，政府在技术创新中发挥着重要作用。创新活动的开展对政府力量具有一定的内在依赖性，在市场机制不能发挥作用时，政府应积极介入，通过创新战略制定、创新环境优化、主体利益协调等方式，在系统中发挥其对市场功能的引导和补充作用。最后，高校和科研机构是基础研究的重要主体，在原始创新和关键核心技术突破中发挥着重要作用，可以为创新系统提供高水平的人才和科技成果。

创新要素是指支持创新活动开展的资源和能力的整合。对于创新要素的构成，目前学界并没有统一的划定。有学者认为创新要素可以分为直接要素和间接要素两个方面，直接要素包括技术、人才、资金等，间接要素包括基础设施、宏观政策、社会环境等[17]；也有学者认为创新要素可以分为主体要素、支撑要素和市场要素，主体要素包括大学、政府、企业，支撑要素包括人才、资金、技术，市场要素包括市场交易中各个组成部分[18]；还有学者将创新要素分为技术要素和非技术要素。无论哪一种视角与分类，人才、技术、资金都作为创新要素被学者们共同认同。其中，人才是指直接从事创新活动的人员，他们基于自身的理论知识和实践经验将技术转化为产品和服务。基础设施在一定程度上决定了创新系统的科技水平，是创新活动正常进行的物质保证。资金投入是创新得以实现的基础，可以由政府、企业或者金融机构提供资金来源。

创新环境是一定范围内的行为主体通过相互作用形成的复杂社会关系，负责为系统内创新活动的开展提供各种必要的资源要素，是创新系统发展的基础性支撑。现有研究对创新环境内涵界定存在不同观点，但基本是从区域维度出发的，包括主体间的社会关系、社会网络，以及主体所处的区域环境两个维度。从类别划分来看，学者认为创新环境按照属性差异可分为物质属性、空间属性和系统属性三类；而大多数学者则从创新环境的构成要素进行分类，认为创新环境可以分为制度环境、政策环境、经济环境、社会文化环境等软性条件，以及交通、通信、信息网络等硬性条件[19-21]。基于前期学者的研究，本书认为，创新环境可分为软性条件和硬性条件两个维度，软性条件包括政治制度、政策法规、科技环境、社会文化环境等，硬性条件指基础设施水平、资源条件等。

创新机制是各个创新要素和创新环境之间如何通过一定的联系和相互合作实现创新的目的。现阶段来看，颠覆性技术的创新机制主要有市场驱动和政府驱动两种形式，其中，市场驱动主要由市场来主导，通过市场需求来实现技术突破，进而完成颠覆性创新的整个过程，政府驱动由政府主导，通过政府政策来实现技术突破，进而完成颠覆性创新的整个过程，政府是创新活动规则的制定者和创新环境的维护者，为整个创新生态系统的正常运行提供支撑作用。

（三）创新生态系统的特征

结合现有研究，本书认为创新生态系统具有整体性、层次性、复杂性、动态性、开放性和交互性的特征。

整体性。 创新生态系统是由创新主体及其所处的外部环境所构成的复杂系统,并不是系统中的各种构成要素的简单组合,而是不同要素有序组合、相互作用而形成的有机体。创新生态系统整体与其构成要素在功能上具有典型的"非加和"性质,不同要素以一定的方式进行组合后构成的系统所具有的功能一定大于部分要素的功能之和。因此,对生态系统进行分析一定要坚持系统观念,注重从系统的整体性出发,加强对整体与部分、部分与部分之间协调关系的把握与分析。

层次性。 创新生态系统的概念具有一定的区域和时间维度,按照不同的区域范围,可以划分为多个层次。从宏观视角出发,有全球创新系统、国家创新系统;从中观视角出发,有区域创新系统、产业创新系统。其中,产业创新生态系统是指产业内技术创新群落及其外部环境基于物质、能量和信息流动所形成的相互作用、相互依存的系统[22]。从微观视角出发,则还有企业创新系统。阿德纳最早明确提出企业创新生态系统的概念,即由核心企业、上游供应商、下游供应商以及客户构成的互利共赢的组织网络[8]。

复杂性。 创新生态系统是一个由各种主体、多种要素、各类创新环境等构成的一个复杂网络,具有显著的复杂性,这也是系统所具有的普遍特征。首先是创新主体的复杂性。创新生态系统包含企业、政府、科研机构、大学等多种类型,不同主体都有不同的职能和利益诉求,他们的合作和分工具有一定的复杂性。其次是创新要素的复杂性。创新生态系统包含资金、技术、人才等多种创新要素,各种创新要素不仅本身具有一定的复杂性,它们之间的相互影响、相互作用进一步加剧了这种复杂性。最后,创新生态系统还包含经济、政治、社会、文化等各种外部环境,不同环境要素属于不同的领域,具有不同的发展目标,它们之间的耦合和协调具有较为突出的复杂性。

动态性。创新生态系统是持续发展和变化的，具有显著的动态性特征。一方面，从系统内部来看，创新生态系统内部构成要素的变化会使系统发生改变，系统自身的演化也会引导创新要素的流动和变化；另一方面，从系统外部来看，一定范围内外界环境的变化会引起系统的改变，而系统的演化和发展也会影响周围环境的变迁。一个运行良好的创新生态系统需要不断地动态演化，以实现更好促进创新活动开展的目标。

开放性。创新生态系统是一个开放的组织。创新生态系统的开放性体现在以下三个方面。一是创新生态系统内部的开放性。创新生态系统内部的构成要素之间是没有界限的，人才、资金和技术等要素会持续地在系统内部进行交换和流动。二是创新生态系统与外部环境要素之间的开放性。创新生态系统需要与一定空间范围内的外部环境持续发生物质、能量以及信息的交换，以保证系统的生存和活力，其在技术研发、转化以及传播的每一个环节都与外界开展着广泛的联系，包括人才、资金和技术的流入和流出。三是创新生态系统与外部组织之间的开放性。创新生态系统的动态性决定了其对于外部组织是开放的，原有组织可以退出系统，新组织也可以进入系统。组织的更替保证了系统的生机与活力，有助于创新的产生和孕育。

交互性。作为一个复杂系统，创新生态系统中具有大量的参与主体，它们之间以及外部环境相互联系、相互影响，因而使系统具有突出的交互性特征。创新生态系统的交互性特征决定了企业的创新活动必然不是独立开展的，而是需要与其他主体及外部环境协同合作，共生演化。胡斌和李旭芳认为，创新生态系统中组织主体与周围环境间持续的互动使传统上只关注自身发展而忽视其他利益主体及系统整体的发展理念已经落后，企业已经开始将自身发展融入整个生态系统，有意识地与系统中的其他组织组成一个整体，努力实现共生演化[23]。LI的研究发现，一个健康的创新生态系统可以促进商业战略实现由联合作业向协同合作、由产品竞争向平台竞争、由企业独立发展转向共生演化转变[24]。随着组织成员的共生演化，创新生态系统逐步由一个参与者演变为多个参与者的多组织社群，它们之间遵照统一的标准，并互相提供互补性资产增值[24,25]，从而实现单一企业所无法实现的价值创造。

三、创新生态系统的理论基础

生态思想在经济和组织管理领域的应用已有较长的历史，创新生态系统作为生态思想在经济管理理论中的应用，概念本身来自生物学的类比，相关的理论研究尚不丰富。现有研究从不同的理论视角切入，对创新生态系统的组成要素、演化形态、功能等方面进行剖析，这些理论主要包括新制度经济学理论、战略管理理论和创新管理理论。

（一）新制度经济学理论

基于新制度经济学视角的创新生态系统研究重点强调基于有限理性的共演关系。与新古典经济学将静态均衡分析作为研究的核心内容不同，演化经济学理论注重对变化的研究，它关注事物随着时间的变化所产生的运用和变化，并试图做出解释。随着创新生态系统中的企业与环境动态性的逐步加强，创新生态系统中的企业逐步摒弃了过去只注重自身发展而无视利益共同体发展的理念，开始将自身视作整体系统的一部分，将自身发展与系统发展紧密相连，努力与其所在系统实现共生演化。

诸多学者基于演化视角探讨技术的发展，认为技术不是孤立发展的，技术的进步总是伴随着技术生态系统的演化[26]。研究者通过组织研究的方法描述组织种群进化过程的变异、选择和保留等环节，并采用组织生态位来反映组织与环境的物质交换特征[25]。还有学者认为组织及其所处环境之间存在相互依赖性，他们以世界范围内半导体行业的技术发展历程为例，剖析了组织主体之间的共生关系在组织生命力及其呈现形式中的重要作用[27]。

在"有限理性"假设的基础上，演化经济学重点关注组织间的共同演化关系，其核心在于抛弃完全理性和最大化假设，突出主体行为和环境因素的影响，认为组织之所以能够生存发展得益于对整体利益的依赖。创新生态系统的动态性特征就源自演化经济学。演化经济学认为，创新生态系统的形成与发展是一个动态演化的过程，系统内部的构成要素与外部环境需要持续的相互作用，为后续的相关研究提供了重要的理论依据。此外，演化经济学还将路径依赖视为影响创新的重要因素，并特别强调了制度和非制度因素的作用，该理论所提出的演化博弈分析模型为创新生态系统中不同位置企业间的演化发展关系研究奠定了基础。

除了演化经济学理论，经济活动的嵌入性理论还提出，由于社会关系制约着主体的行为和相关的制度安排，社会因素对个人与组织的经济行为具有十分重要的意义。基于此，嵌入性理论在对创新生态系统中个人与组织的经济行为进行分析时，充分考虑了社会面的影响因素。

（二）战略管理理论

越来越多的研究都显示，创新生态系统已成为企业在竞争日趋激烈的市场环境中获得竞争优势的重要来源。基于战略管理理论，现有研究重点剖析了创新生态系统中的企业如何通过产业和资源实现竞争力提升。

基于产业组织和产业结构维度，波特（Porter）的竞争优势理论探讨了企业提升竞争力的多种途径，分别提出了总成本领先战略、差异化战略和专一化战略三种战略思想，并将其视为企业获取竞争优势的关键。作为创新生态系统的研究基础，波特的竞争优势理论有效指导了创新生态系统中的企业如何在与外部组织主体的交互作用过程中提升竞争力。

基于资源维度，沃纳菲尔特（Wernerfelt）提出的资源基础论深入研究了企业提升竞争力的有效方式。该理论认为，作为资源的聚集载体，企业只有保证独有的资源和能力，才能长久地保持自身竞争力。诸多学者基于该理论探讨了资源禀赋差异在企业竞争力获取中扮演的角色，并深入分析和度量了增强企业竞争力的特殊资源[28-30]。在此基础上，巴尼（Barney）认为，企业提升竞争力的核心资源具有价值性、稀缺性、不可模仿性以及可持续性四个特征[31]，并认为组织资源必须要与周围环境相适应。通过创新生态系统资源禀赋以及其与环境的交互关系可以识别创新生态系统的竞争优势。

组织关系视角对企业的独有资源进行了进一步的延伸，认为企业资源扩大了组织范围，并存在于组织间的资源和共生路径中。对于创新生态系统而言，其组织关系存在四种隐含的组织竞争优势资源，分别是生态系统成员的特殊关系资产、知识共享路径、互补性资源与能力以及生态系统的高效治理[32]。

为应对变化更为常态化的市场环境，蒂斯（Teece）等研究者又提出了动态能力理论。基于该理论，组织除了要拥有难以替代的资源以外，更要有旁人难以企及的动态能力，以保持长久的竞争力。他们认为，动态能力是指快速整合、形成、重构内外部资源要素以适应周围环境剧烈变化的能力。动态能力不但对创新生态系统具有积极作用，更可以促进企业和企业间、企业和其他组织间的协作创新，有利于创新生态系统的缔造。

（三）创新管理理论

基于创新管理理论视角的创新生态系统研究强调打破边界实现跨组织的功能互补。创新网络和创新系统是学者的主要关注对象，由此形成了创新网络理论和创新系统理论。

从根本上看，创新生态系统可视为一种网络，因此，与网络相关的理论和方法可以为创新生态系统研究提供更多思路。从创新网络出发，网络嵌入理论、网络管理理论和价值网络理论对创新生态系统进行了深入的研究。首先，网络嵌入理论重点关注生态系统参与主体在社会网络中的结构与关系，对创新生态系统中各主体开展创新活动的前置条件和约束条件进行了剖析。相关研究关注的焦点包括：企业如何优化在网络中的结构位置来识别网络变化，如何在机制层面激励组织成员为统一目标行动，如何构建关系资产保障双方互利共赢，以及如何优化分配制度避免内部权利义务的不均等。其次，网络管理理论将研究的核心问题放在了哪些能力和策略能够为创新生态系统的协调和管理提供支持，例如，竞争与合作的关系如何平衡、跨组织管理中如何领导和决策、重点企业在网络中的影响等。最后，价值网络理论主要研究了生态系统中价值的创造机制和分配逻辑，重视网络外部性，参与主体间的合作共赢，以及基于专业化能力的价值创造。

从创新系统出发，早期研究更多关注了单个企业的封闭式创新和企业家的作用，许多后续研究在理解创新时，选择了更为统筹和宏观的维度，认为企业创新并非独立产生的，与其他组织的相互影响和协同合作同样具有重要作用，从而将创新研究扩展到关注企业与企业之间的交互作用和"产学研"协同合作的开放式创新。弗里曼和朗德沃尔提出基于"产学研"合作的三螺旋模型，从而赋予了创新系统理论以新的内涵[33, 34]。它更强调系统组织与环境的动态影响和协同演化，对创新系统的成长和进化阶段进行深入的研究，进一步增加了对用户的关注，并强调创新被嵌入市场的过程和市场机制的作用，以及文化因素在维持系统的执行结构和秩序一致性中的重要性。同时，系统科学中的模拟仿真等方法也为创新生态系统的相关研究提供了微观视角。此外，平台理论认为创新生态系统是基于为生态系统组织成员创造绩效与价值的平台之上的，包括服务、工具、技术等。平台中各个成员相互独立又不可分割，其中，焦点企业是平台的核心，用来保障平台核心功能的运行，创新生态系统中的其他参与者则主要承担补充和优化平台的作用。生态系统以合理的划分机制为依托,构成各自相对稳定的平台以及一组相互支持、功能互补的模块,从而改变系统整体的设计规则,形成生态系统层面的架构创新[35]。

本章参考文献

[1] LUNDVALL B A. Product innovation and user-producer interaction [M]. Industrial Development Research Series No. 31, Denmark: Aalborg University Press, 1985.

[2] 弗里曼. 技术政策与经济绩效：日本国家创新系统的经验 [M]. 南京：东南大学出版社，2008.

[3] COOKE P. Regional innovation systems: competitive regulation in the new Europe [J]. Geoforum, 1992, 23（03）：365–382.

[4] 尼尔森. 国家（地区）创新体系比较分析 [M]. 北京：知识产权出版社，2012.

[5] OECD. The knowledge based economy. The National Innovation System [R/OL].（1997-02-11）[2022-06-01]. https://www.oecd.org/science/inno/2101733.pdf.

[6] 萨克森宁. 硅谷优势 [M]. 上海：上海远东出版社，2000.

[7] 李钟文，米勒，韩柯克，等. 硅谷优势：创新与创业精神的栖息地 [M]. 北京：人民出版社，2002.

[8] ADNER R. Match your innovation strategy to your innovation ecosystem [J]. Harvard Business Review, 2006, 84（04）：98–107.

[9] JACKSON D J. What is an innovation ecosystem [J]. National Science Foundation, 2011, 1（02）：1–13.

[10] AUTIOE E, THOMAS W. Innovation ecosystems: implications for innovation management [C] // Oxford, The Oxford Handbook of Innovation Management, New York: Oxford University Press, 2013：204–228.

[11] 黄鲁成. 区域技术创新生态系统的特征 [J]. 中国科技论坛，2003，01（01）：23.

[12] 余江. 核心企业要成为创新生态的资源整合者 [N]. 科技日报，2012-01-15（02）.

[13] 曾国屏，苟尤钊，刘磊. 从"创新系统"到"创新生态系统" [J]. 科学学研究，2013，31（01）：4–12.

[14] 惠兴杰，李晓慧，罗国锋，等. 创新型企业生态系统及其关键要素——基于企业

生态理论［J］.华东经济管理，2014，28（12）：100-103.

[15] 李万，常静，王敏杰，等.创新3.0与创新生态系统［J］.科学学研究，2014，32（12）：1761-1770.

[16] 柳卸林，孙海鹰，马雪梅.基于创新生态观的科技管理模式［J］.科学学与科学技术管理，2015，36（01）：18-27.

[17] 朱苑秋，谢富纪.长三角大都市圈创新要素整合［J］.科学学与科学技术管理，2007（01）：97-100.

[18] 欧庭高，邓旭霞.创新系统的要素与纽带［J］.系统科学学报，2007（03）：37-41.

[19] 盖文启.论区域经济发展与区域创新环境［J］.学术研究，2002（01）：60-63.

[20] 蔡秀玲.试析政府在营造企业集群区域创新环境中的职能定位［J］.当代经济研究，2004（06）：42-45.

[21] 侯鹏，刘思明，建兰宁.创新环境对中国区域创新能力的影响及地区差异研究［J］.经济问题探索，2014（11）：73-80.

[22] 林婷婷.产业技术创新生态系统研究［D］.哈尔滨工程大学，2012.

[23] 胡斌，李旭芳.复杂多变环境下企业生态系统的动态演化及运作研究［M］.上海：同济大学出版社，2013.

[24] Li Y R. The technological roadmap of Cisco's business ecosystem［J］. Technovation, 2009, 29（05）: 379-386.

[25] MOORE J F. Predators and prey: a new ecology of com- petition［J］. Harvard Business Review, 1993, 71（03）: 75-86.

[26] 毛荐其，刘娜，陈雷.技术共生机理研究——一个共生理论的解释框架［J］.自然辩证法研究，2011，27（06）：36-41.

[27] ADNER R, KAPOOR R. Innovation ecosystems and the pace of substitution: re-examining technology s-curves［J］. Strategic Management Journal, 2015（04）: 625-648.

[28] WERNERFELT B. A resource-based view of the firm［J］. Strategic Management Journal, 1984, 5（02）: 171-180.

[29] RUMELT R P. Towards a strategic theory of the firm［J］. Competitive Strategic

Management, 1984, 26: 556-570.

[30] DIERICKX I, COOL K. Asset stock accumulation and sustainability of competitive advantage [J]. Management Science, 1989, 35 (12): 1504-1511.

[31] BARNEY J. Firm resources and sustained competitive advantage [J]. Journal of Management, 1991, 17 (01): 99-120.

[32] 梅亮, 陈劲, 刘洋. 创新生态系统: 源起、知识演进和理论框架 [J]. 科学学研究, 2014, 32 (12): 1771-1780.

[33] FREEMAN C. Technology policy and economic performance [M]. Great Britain: Pinter Publishers, 1989.

[34] LUNDVALL B A, DOSI G, FREEMAN C. Innovation as an interactive process: from user-producer interaction to the national system of innovation [J]. 1988, 349-369.

[35] TIWANA A, KONSYNSKI B, BUSH A. Research commentary-Platform evolution: coevolution of platform architecture, governance, and environmental dynamics [J]. Information Systems Research, 2010, 21 (04): 675-687.

第三章
颠覆性技术创新生态理论基础

一、颠覆性技术创新阶段划分

颠覆性创新是一个多主体参与、多要素协同、多阶段衔接的复杂动态过程，不同阶段的演进特征各不相同，科学合理的阶段划分是后续分析的重要基础。从目前的研究来看，关于颠覆性技术创新的阶段划分还不够全面和系统。因此，本章首先对颠覆性技术创新的阶段划分进行介绍，为后文颠覆性技术创新生态路径分析框架的提出，以及各阶段的特征分析奠定理论基础。整体来看，本书将颠覆性创新划分为科学突破、技术选择和技术锁定（产业形成）三个阶段。

（一）科学突破阶段

科学和技术是紧密相连的，技术是对现象的驾驭，需要以科学揭示的基本原理为基础。新技术就是在科学的指导下，通过对现象进行有目的的编码而形成的。颠覆性技术也不例外，其产生通常源于基础科学理论的突破，新原理、新发现是颠覆性技术产生的重要来源之一。即使是企业出于商业化利益开展的需求推动型颠覆性技术创新也往往需要基于某些领域已经形成的重要科学成果。因此，科学突破阶段是颠覆性创新的起点。从三次工业革命中颠覆性技术的产生方式来看，第一次工业革命的颠覆性技术（蒸汽技术）是由实践经验催生的，这一阶段的新技术多为对现象的加工或对已有技术的组合，创新主要来自工匠的实践经验和努力，科学和技术是分离的。从第二次工业革命开始，随着人类对自然现象的观察和发现难度逐渐增大，基于实践经验的技术很难驾驭，以科学理论去认识现象成为技术形成的必要方式。自这一阶段开始，科学理论逐步取代传统实践经验，成为催生颠覆性技术的重要动力，无论是第二次工业革命的电气技术，还是第三次工业革命的电子计算机和生物科学等技术都是科学理论和技术密切结合的产物。某些领域基础科学研究的重大突破，往往会极大地改进人类对这一领域及其相关领域现象的认识水平，从而为颠覆性技术的研发奠定理论基础，而当科学的突破与现实的需求发生碰撞时，颠覆性技术就会开始孕育。科学突破阶段的颠覆性创新离不开基础研究的发展及其催生的原始性创新。

1. 基础研究的概念

基础研究是原始创新的原动力，也是颠覆性技术创新的摇篮。现代意义上的"基础研究"概念可以追溯至1945年美国科学研究发展局局长布什（Bush）的报告《科学：无尽的前沿》[1]。布什认为，基础研究是致力于扩展对世界的基本认识的研究活动，并不考虑应用目的，其成果表现为有关自然及其规律的普遍认识和理解[2]。而且，由于认识目标和应用目标的内在驱动力存在显著差异，基础研究和应用研究的范畴完全不同，两者在研究内容和属性上存在排斥关系。布什还强调，基础研究是技术进步的先驱，新技术的发明是建立在基础科学领域发现的新知识之上的；基础研究必须保持追求知识扩展的纯粹性，应通过发展应用研究与技术开发等中间环节来推动基础研究成果向实际生产力的转化，由此便形成了著名的科学研究线性模式。布什关于基础研究及其在技术进步中的作用的观点得到了当时社会各界的普遍接受，直到20世纪末仍影响着人们关于基础研究和应用研究及其关系的理解[3]，并且在一定程度上影响了美国的科技政策。

尽管科学研究的线性模式极大地改变了人们对于基础研究的认识，但当将其放到科技发展史的大背景下加以考察时，就会发现理论与实际并不十分符合。科技发展史上的许多案例表明，基础研究也有可能受到特定应用目标的引导，基础研究和应用研究在很多时候可以相互转化，两者之间并没有清楚的界限。例如，巴斯德对于微生物的研究就具有明显的现实问题导向，他在解决治病救人等问题的探索中加深了对微生物的认识，从而形成了疾病细菌理论，并取得了明显的实用效果。因此，布什将基础研究和应用研究割裂开来，并认为科学研究是单向度的线性模式的观点是不全面的[4]。

此后，越来越多的学者和机构对基础研究的概念及其与应用研究的关系进行了分析。1951年，哈佛大学校长科南特（Conant）首次将基础研究定义为所有旨在拓展知识的科学研究，不仅包括不关注应用目标的"纯基础研究"（科南特称之为"自由性研究"），还包括那些涉及应用但不等同于应用研究的"计划性研究"[5]。1964年，美国国家科学基金会主席沃特曼（Waterman）进一步把"计划性研究"明确为"任务定向基础研究"[6]。1991年，普林斯顿大学教授司托克斯（Stokes）在《基础科学与技术创新：巴斯德象限》一书中提出了科学研究二维象限模式，根据是否以求知为目标和是否以实用为目标将科学研究划分为四个部分，其中既追求基本认识又考虑应用目标的研究部分称之为"巴斯德象限"，而仅寻求扩展认识不考虑应用目标的纯基础研究（玻尔象限）和仅追求实用目的而不考虑科学解释的纯应用研究（爱迪生象限）分别相当于布什的基础研究和应用研究概念[7]。这一划分方法较好地体现出科技史上的研究类型。

虽然目前学者们对于基础研究的认识仍然存在分歧，但大都认为，是否考虑应用目标不是评判基础研究的标准，实践中存在着受应用目标和求知目标共同引导的基础研究。现如今，随着知识经济体系深入发展，基础研究对于技术创新带动作用以及经济社会基础性影响日益明显，各国科技竞争焦点等不断向基础研究前移，又催生出战略性基础研究、有组织的基础研究等面向国家战略目标的新型基础研究组织方式，基础研究的内涵愈发丰富，其重要意义也在不断增强。

2. 原始性创新及其特征

科学的发展总是革命性的。科学哲学家库恩（Kuhn）在《科学革命的结构》一书中提出了"常规科学—危机—革命—新常规科学"的科学发展模式[8]，为从整体角度把握科学发展脉络提供了新思路。在常规科学阶段，通过对原有科学范式进行改进和扩展而发展，知识的积累呈现出渐进性特征，但从常规科学到新常规科学的过程则是通过重大科学发现或理论突破对原有研究领域进行重新审视甚至开辟全新的研究领域，在新科学体系的指导下探究自然现象及规律，最终表现为科学范式的转变，推动科学跨越式发展。这种对科学发展产生颠覆性影响的重大发现和理论突破，通常被称为原始性创新。"原始性"是指其代表着最高层次的创新活动，不仅能够推动科学跨越式发展，还会带动颠覆性技术的大范围突破。具体来说，原始性创新表现出以下几个重要特征。

长期性和累积性是原始性创新的重要特征。基础研究是一个漫长的过程，而产生原始性创新的一个重要条件就是经年累月的科学知识积累。科技发展史表明，绝大多数重要的原始性创新都是在相关研究领域长期耕耘的结果。英国剑桥大学的卡文迪许实验室之所以能够产生DNA双螺旋结构和蛋白质晶体结构两大原始性创新，离不开其在X射线衍射和生物化学方面的深厚积淀。这也是其他大学或研究机构未能在这一领域取得有效进展的重要原因之一。事实上，美、英、德、法等国少数几个实验室之所以能够成为诺贝尔奖获得者的重要发源地，与这些实验室拥有的长期知识积累和良好科研环境密切相关[9]，坚实的知识基础和研究积累为新理论的诞生提供了思想源泉和科学灵感。

原始性创新具有不确定性。原始性创新是处在人类知识最前沿、向未知领域发起挑战的探索性活动，必然伴随着巨大的不确定性，这种不确定性很大程度上表现为研究思路的不确定性、研究方法的不确定性，最终导致研究结果的不确定性[10]。由于面对的是全新的问题，几乎没有前人的研究经验可供借鉴，通常需要研究者另辟蹊径地设计研究思路和研究方法，并在实践的过程中不断调整。这一过程往往需要经历许多次，甚至是完全推倒重来。研究结果的不确定性在更多时候意味着失败，有相关数据表明，纯基础研究的成功率仅在3%左右[11]。研究结果的不确定性还表现为意料之外的收获，许多重大科学发现往往来自对一些偶然现象的执着探索，如X射线、核裂变和青霉素的发现等。

原始性创新具有强连锁效应。原始性创新具有很强的带动作用，一项重大的理论突破和科学发现往往会开辟一个全新的研究领域，吸引大量的研究人员进行跟踪研究和探索，并产生一系列新的科学发现和理论突破（被称为"发现之发现现象"），推动相关研究领域不断发展乃至形成新的科学范式。例如，1901年X射线的发现为科学研究提供了一种全新手段，围绕该项突破就催生了16个诺贝尔奖，涉及化学、物理以及生理学与医学多个领域，带动作用非常明显[12]。同时，新科学理论体系的不断完善将会产生极大的应用价值，成为颠覆性技术发明的知识源泉，带来生产力飞跃和产业结构变化，最终形成一场技术革命。正如量子力学在固体电子运动方面的研究为半导体技术等信息技术的诞生奠定了理论基础，推动人类社会迈入"信息时代"。

原始性创新具有公共产品属性。原始性创新产生的成果表现为新概念、新原理和新理论的纯知识，一般以论文和著作的形式公开发表，可以为其他学者所分享和借鉴，具有明显的公共产品属性。而原始性创新所依赖的基础研究是一项需要大量的资金和人力投入的长期工作，并且具有高风险性，但却难以为研究者及其工作机构和资助机构带来直接的经济效益，以赢利为目标的社会组织普遍缺乏资助动机，因此作为公共物品的基础研究成为市场失灵的重要领域之一[13]。过去，基础研究以科学家的兴趣驱动和自由探索为主，但随着基础研究对于技术发明和经济发展的带动作用越来越明显，政府越来越重视基础研究，公共资助成为弥补市场配置资源不足的重要力量。

（二）技术选择阶段

在基础科学实现突破后，颠覆性技术创新开始进入第二个阶段，也就是技术选择阶段，这一阶段与后续技术在市场上的发展及产业化密切相关，是颠覆性技术创新的关键阶段。颠覆性技术创新的技术选择阶段就是要确立一条颠覆性技术创新的发展路径，不仅包括技术本身的选择，也包括技术与市场的互动，在初步明确所选择的颠覆性技术的基础上，要准确评估市场上的用户需求，慎重选择进入市场，并根据市场的反馈逐步完善自身技术性能，持续探索和扩大市场空间，从而为后续技术锁定阶段的规模化发展和产业形成打下良好的基础。因此，颠覆性技术创新的技术选择阶段可以分为技术选择和市场选择两个子阶段。

1. 技术选择的概念

技术选择在某种程度上可以看作社会界的"自然选择"。自然界中生物通过遗传、变异和自然选择不断进化和适应环境。受此启发，演化经济学相关专家将自然与经济社会相结合，追求用动态的、演化的观点看待经济和技术的变迁[14]。类比自然界生物演化机制，颠覆性技术创新发展同样会经历"遗传""变异"和"选择"。"遗传"在自然界解释为亲代将表现性状的基因传递给下一代，在技术变迁中"遗传"可以看作技术更新后所保留的原有技术的优势性能。"变异"在自然界具有不确定性，由环境和基因的共同作用促成，在技术变迁中"变异"可以看作技术发展的多样化，这是创新生态环境下科学突破的必然产物，多样化的特点使技术在之后的演化中有更强的动力。与自然界变异相似，这种"变异"不是随机的，而是受技术环境和经济环境影响。"选择"对应自然界中的自然选择，专家与学者以现实社会经济发展情况为参考，同时进行合理的未来预测与评估，筛选出目前最适合国家或者企业的创新技术或技术群。市场机制是颠覆性技术创新发展的原动力，技术选择的结果受市场机制的约束与考验，经济主体通过各种规模的市场检验技术是否具有生命力和竞争力。因此，技术选择可以理解为，在既定的环境下，将知识转化为原始技术，原始技术再加以应用实践，通过社会经济活动筛选出最适合的技术，然后采用该技术来实现既定目标。

2. 颠覆性技术创新中的两大选择

一是技术选择。作为颠覆性技术创新中的第一阶段，技术选择就是在一系列技术中选择一项简单、便捷、成本低，并且有望在未来的发展中快速创新和改进的颠覆性技术，从而将基础知识转化为原始技术。这个阶段包括原始技术的研发、技术性能的改进、部分技术的放弃。从技术主体来看，一般来说，此类颠覆性技术是在位领导企业研发出来的，但往往是一些新兴企业处于市场竞争需要而被迫选择，并主要面对低端市场或者很小的新兴细分市场，这是由于市场经济和客户生态不是新型企业的关注重点，而且一些颠覆性的创新技术利润率较低，更符合新兴企业的发展需要。克里斯坦森等认为，市场主导者拘泥于短期利润、股东分红、沉没成本等因素，往往不会尝试颠覆性创新。技术产品性能是颠覆性技术创新选择重要的具体体现，颠覆性技术创新产品性能很大概率不同于同行业市场的主流产品，主流产品因为要满足大多数消费者的需要，因此往往在大部分消费者重视的几个方面性能突出，而不被重视的方面会被忽略。颠覆性技术创新中技术选择的另一个特点体现在市场小生境时期，即技术初步进入市场，与主流产品技术相比有一定的差距，不会引起大多数人的重视，由于市场的不适应，市场机制不会立刻认同它，因此不会马上产生预期的市场反馈，这也是导致部分颠覆性技术出现选择放弃的原因，但是在适应了经济市场机制后，颠覆性技术创新会迅速发展，超越主流产品技术甚至远远领先，且由于颠覆性技术创新的特性，这些产品在一定时间内不容易被超越。对于新兴企业来说，颠覆性技术选择需要有一定的洞察力。由于主流市场上的消费者对产品性能的关注较为单一，而颠覆性技术产品的性能通常没有市面上的产品优良，起初主流市场不会重点关注该类技术，正向的市场反馈机制不会较快地建立，但在逐步获得市场的认可后，开展颠覆性创新的企业往往能在市场竞争中脱颖而出。

二是市场选择。在经过颠覆性技术选择阶段后，颠覆性技术创新进入技术选择的另一个阶段——市场选择，在这一阶段，技术推动者开始探索新技术的生存和发展空间。相比于知识转化为技术，这个阶段更像是一种"被动选择"，经济主体的主观能动性减弱，经济环境成为这个阶段的重点，环境中新技术的消费者更是关键，决定着新技术未来的市场空间。颠覆性技术创新的推动者是根据市场变化生成的第一批受众，他们一般也是具有创新精神的发明者和颠覆性技术创新的捍卫者[15]。由于颠覆性技术在进入市场初期得不到主流市场的认可，发展空间并不乐观。此时，寻找其他市场机会是颠覆性创新技术推动者的重要目标，通常做法是搜寻潜在的目标客户，挖掘主流技术不能满足或者过度满足的市场区域进行布局，即某一领域的细分市场或低端市场。通过不断地试探吸引越来越多消费者加入，颠覆性技术创新的适应空间以及发展途径逐渐开辟，市场在此基础之上逐渐扩张，技术规模逐步发展起来。值得注意的是，技术推动者们对于颠覆性技术市场空间和发展路径的选择并不是一蹴而就的，往往是以细分市场或低端市场为起点，在不断探索和试错过程中逐渐找到的，并在此基础上进行持续的技术改进和市场适应，逐步扩大市场范围。

3. 技术选择的特点

颠覆性技术创新中技术选择的主要特点如下：

创新性。在创新路径上，颠覆性创新的技术或技术组合与持续性创新的方向并不一致，颠覆性创新的新技术与原技术密不可分，相互关联，新技术或新技术组合通常产生于原技术，在原技术创造的环境中发展，最后实现对原技术的颠覆[16]。

隐蔽性。根据克里斯坦森的观点，颠覆性技术创新企业初期进行技术选择时并不完全在意市场经济以及客户生态，他们往往会避开高额的利润率和主流消费者；新技术或技术群往往会将发展重心聚焦于低端市场或新兴市场，避免因被领导企业针对而处于竞争劣势。

适应性。在与原技术的初始竞争中，新技术或新技术组合在主流性能上往往存在较大不足，但往往在便携性、性价比、快速上手等方面存在优势，根据克里斯坦森对颠覆性创新的研究，这些特征与部分消费者相适应，因此这样的技术选择有立足的空间。

更新力强。由颠覆性技术创新的特点所决定，新技术或技术群往往能够迅速地赶超原在位技术，达到或者超过主流市场需求，渐渐挤占原技术产品的市场份额，直到产生颠覆效果。

4.技术选择假说

按照索洛经济增长模型，其他外生变量相同的条件下，人均资本低的经济有着更高的人均资本增长率，人均收入同理[17]。如果以索洛模型的视角来预测宏观经济，发展中国家具有比发达国家更快的增长速度，人均收入的分布更加均衡，最终世界各国经济和本国人口拥有相同的增长率。但是现状并不是如此，在发达国家之间确实存在人均资本和收入水平的收敛，但是发展中国家与发达国家的差距却越来越大，这一点被国外多方学者所研究[18]。基于"原创技术创新的成本要远高于通过技术引进方式实现的技术创新"观点，卡塞利（Caselli）和科尔曼（Coleman）认为模仿和技术转移更适合发展中国家开展技术创新，但后续研究者基于"适宜技术"观点，提出资本存量不足、工作技能和科技之间的不对称等因素阻碍了发展中国家从发达国家引进前沿技术[19]。

我国经济学家林毅夫等提出，资本主义市场经济强调市场的重要性，忽视了政府的重要作用，因此国外学者的观点虽然正确但不全面，政府在经济发展过程中的重要地位以及发挥的重要作用未得到足够重视。基于该想法，林毅夫等提出了"技术选择假说"，即一国要素禀赋结构的内生结构决定产业和技术结构，对发展中国家来说，比较优势的战略是更好的发展战略[20]。但是，大多数发展中国家和发达国家仍保持了相当大的发展水平差异，其背后的主要原因是这些国家的发展战略不适用于本国国情，采取的技术路径与当地资源禀赋不匹配，在长期发展中不利于资本聚集和技术传导的速度，制约了经济发展。该假说进一步剖析了各国的技术选择与制度安排之间的关系，违背比较优势的发展中国家内生出一套与之相适应的制度安排，使得国家能够干预和控制汇率、利率以及产品市场、要素市场[21]。

发展中国家的一个重要目标是缩小与发达国家技术产业的差距。但是，发展中国家的要素禀赋结构导致发展中国家不具备发展资本密集型产业和技术的比较优势，若强制发展这些产业，则往往无法在完全竞争市场中立足。因此，为应对该问题，发展中国家的政府往往违背比较优势的发展战略优先发展不具备自生能力的企业，通过扭曲利率、汇率等价格因素提供政策支持，并采用行政手段干预。通过该方法，发展中国家虽然得以建立采用前沿技术的企业，但由于不符合经济发展规律，常常抑制了金融市场和外贸的发展，寻租活动频发，宏观经济缺少稳定性和竞争力，收入不均衡加剧，国民收入无法向发达国家靠拢。

5. 技术选择的标准

一般来说，学者们对于技术选择的研究，主要是基于经济主体来衡量。新古典经济学重点关注资源的有效配置问题，将"收益最大化"或"成本最小化"作为"技术选择"的主要依据。现代观点考虑的因素更多，往往包含着经济主体的长期发展、资源禀赋、周期性变化等，采取更严格的标准。

已有研究提出了多种宏观技术选择的标准，其中，鲍琳洁和努莫夫对技术选择相关标准做出了一定的梳理归纳[22]。

一是产值标准。该标准由波拉克（Polak）等于20世纪40年代中期提出，其主要观点是，在投资决策时，以期望产值为依据，选择资本固定时产值尽可能高的技术。该标准要求在考虑一国的资源禀赋条件下，尽可能去采取以较少的投资获得更多的产值的方式，例如，具备人口红利的部分发展中国家，将产值标准作为技术选择的标准是短期快速发展的可选项之一。

二是社会极限生产效率标准。该标准由卡恩（Kahn）等于20世纪50年代初期提出。在反对产值标准的基础上，他们进一步提出了以社会极限生产效率为核心的技术选择标准。在他们看来，在资本固定时，即便获得了较高产值，但若收益率处于较低水平，那该选择也不能被视为最优选择。以往经验表明，超额的资本购买致使原材料进口量大幅提高，存在打破外汇收支平衡的风险。因此，卡恩等认为，应在保证外汇收支平衡的前提下，尽可能地以提高社会生产率作为选择标准。

三是再投资率标准。该标准由盖森（Gaenson）等在20世纪50年代后期提出。相对前两种观点，该观点更加关注长期的发展，强调在技术选择中注重资本积累率和再投资率，选择让经济发展更具长效的技术。以社会生产率为标准筛选出的技术，在长期发展中可能不具优势。因而，政府审视经济发展应同时关注技术进步和资本积累。通过对再投资率的关注，将资金积累的速率纳入考虑，从而保证经济长期稳定的增长，进而将附加值高的资金密集型技术作为首选。这一标准与新中国成立初期优先发展重工业的事实非常吻合，对社会主义经济建设产生了长久的积极影响。

四是时间系列标准。该标准由森（Sen）等在1957年提出，主张以最高的经济增长率为目标，根据发展阶段和发展环境变化，统筹使用上述技术。这一标准的核心在于计划周期的把控，每个经济体在不同的时间段具有不同的经济特征和资源禀赋，合理选择各个时间段即计划周期内的技术或技术组合，可以使经济体更好地发展。以我国为例，21世纪初我国劳动力丰富，具有人口红利，因此劳动密集型技术最为适宜，而目前我国作为世界第二大经济体，科学技术是第一生产力，知识密集型技术成为发展首选。因此，该标准操作空间较大。

1960年后，受到世界南北问题的影响，发达国家从转移资金向同时转让技术转变，形成了转让中间技术、适用技术和累进性技术等理论。

五是中间技术标准。该标准由塞胡马赫（Sehumacher）在20世纪60年代初期提出。中间技术是指介于先进技术和传统技术之间的技术，设备和生产方法相对简单，能源和材料耗费少，操作管理简易，便于开展从业人员培训，扩大就业规模。虽然中间技术落后于前沿技术，但引入成本较低，转让效果较好，被认可概率更高。由于发展中国家劳动力丰富，但是资金与人才相对匮乏，因此在初期选择发达国家资本或知识密集型的先进技术是很难发展的，而劳动力密集型的中间技术则是与发展中国家国情相适应的选择。中间技术概念提出以后，产生了较多争议。反对者认为中间技术存在生产效率低、产品质量低、市场竞争力欠缺等劣势，而且对劳动者的技能要求并未降低。

六是适用技术标准。该标准由阿特金森（Atkinson）和斯蒂格利茨（Stiglitz）于1969年最早提出，其中适应技术是指适合本国国情，对本国经济增长与发展有利的技术，可以是先进前沿技术，也可以是合用的中间技术或原始技术。1975年，印度经济学家雷迪（Reddy）提出"适用技术"（Appropriate Technologies）理论，其主要观点是，发展中国家引进技术既要满足本国经济发展需要，更应通盘考虑所处发展阶段，比如生产要素、市场规模、社会环境和创新能力，最大化发挥技术引进优势，综合考虑对经济、社会和环境等目标做出最大贡献的技术组合。该观点对第二次世界大战后，发展中国家罔顾自身条件，盲目引进前沿技术或排斥劳动密集型技术的倾向提出批评，提出统筹选择、吸收和发展的思路，更适合发展中国家的发展需求。

七是累进性技术标准。该标准由马斯登（Marsden）在20世纪70年代初提出，主要观点是选择可通过合理地运用可开发资源促进经济发展的技术。技术引进的思路不应盲从已有经验，而是基于自身技术基础，引入可实现技术累进的先进技术。该思路被广泛认可，往往能对企业经营带来增益。

可以看出技术选择的标准并不是一成不变的，随着时间的推进，技术选择的标准在逐步完善，理论提出愈发具有全面性，从早期的关注产值、利润率逐步演进为社会经济发展目标、禀赋所带来的制约因素，这些我们统称为选择所面临的价值准则，价值准则不同，侧重点也就不一样，技术选择的关键是要准确地把握价值准则的变化。

（三）技术锁定阶段

在颠覆性技术选择完成并与市场进行了初步的互动之后，颠覆性技术及其主要布局的市场区域已经基本确定，此时，颠覆性创新开始进入第三阶段，技术锁定阶段。在这一阶段，基于颠覆性技术成立的新兴企业需要克服种种困难建立市场，并逐步扩大市场范围，向主流市场入侵，实现颠覆性技术创新产品的规模化生产，催生出新兴产业的萌芽，并形成能与市场需求相匹配的新技术—经济范式。颠覆性技术创新的技术锁定阶段可以分为市场建立、市场扩大和产业化三个子阶段。这一部分首先介绍技术锁定阶段的演化过程，然后对颠覆性技术的产业化发展进行深入分析。

1. 技术锁定阶段的演化

演化经济学家佩雷斯（Perez）曾指出，在未来，环境产业是最具创新驱动发展潜力的方向，而信息技术、生物技术、智能制造技术、新材料技术这类新兴技术会提供很多机遇[23]。确实如此，这类技术广泛地涉及了多个领域，绿色、智能等新型发展模式成为当代关注的重点，推动新一轮技术的变革。与此同时，世界上的主要国家和地区都在研究和部署人工智能、大数据、虚拟现实等相关先进技术及其产业化的战略，因为这些颠覆性技术的产业化可以填补尚未满足消费需求的部分，从而对原来的产业格局产生一定程度的冲击，改变现有的产品和技术生态体系，以至于诞生新的产业或新的业态。新的产业有两种形态：由新技术直接引发的新产业；由运用新技术成果等方式改变原有传统产业，进行产业的升级转型，进而延伸出的产业。而新业态则是创新的结果，它是对原有的产业模式进行创造性的变革，将新知识、新概念等观念性的东西转化为新产品、新技术以及新商业模式和管理方式等，它是利用新的组织模式创造市场价值，当这些经济活动超过了原有的传统管理、组织、经营和运作的模式，达到一定程度的经济规模，就会形成比较稳定的新业态。

  关于技术–经济范式，国内外学者展开了详细的研究。库恩在其著作《科学革命的结构》中提出，科学理论研究中的内在规律和演进方式被称为范式[24]。1982年，多西（Dosi）将范式进一步应用于技术创新，提出技术范式的概念并将其界定为一种技术选择的模式[25]。佩雷斯在1983年正式提出了技术—经济范式这一概念，首次将技术发展与经济增长结合起来，而1988年佩雷斯和弗里曼则将技术—经济范式定义为一种由技术潜力、相对成本、市场需求和产业竞争等多种因素共同决定技术及其演变的方式，这种范式能够超出既有技术路径，以至于改变整个经济系统的相对成本结构和生产分配条件[26]。王春法提出在特定阶段的主导技术结构及其经济生产的范围、规模和水平才是技术—经济范式[27]。

  参考学者们对颠覆性技术和技术—经济范式的思考，回归到颠覆性技术创新本身，它既包括颠覆性技术，也包括技术创新。本书认为研究颠覆性技术发展离不开时间、历史背景，同时不应拘泥于克里斯坦森有关颠覆性技术的观点[28]，颠覆性技术随着时间的推移，除了在低端市场成为市场主导技术，在中高端市场也有产生颠覆的可能，以及旧技术的组合产生的颠覆性效果也应当划入颠覆性技术的研究范围。当廉价的劳动力所带来的低成本不再成为市场的竞争优势，就应该考虑利用技术的创新实现超越，从而重新占据市场的主导地位，这正是技术创新的意义所在。颠覆性技术创新的最终目的应当是对产品、产业以及社会经济生活产生颠覆，这是颠覆性技术市场化的主要表现[29]。因此，本文认为技术锁定作为颠覆性技术创新发展的最后阶段，应当与经济发展结合起来，实现技术—经济范式，推动技术产业化的形成。具体来说，颠覆性技术创新的技术锁定阶段可以分为市场建立、市场扩大和产业化三个子阶段。

第一个阶段是市场建立。在选择市场并进行初步的互动后，颠覆性技术创新企业会逐步完善自身技术和产品性能，以低成本优势向超越主流技术和占据主流市场的目标努力。这一阶段是颠覆性技术创新的成长期。在市场建立的过程中，颠覆性技术会面临成长阶段诸多技术进步和组织管理方面的困难。首先，技术是颠覆性技术创新演化过程中最为重要的一个因素，技术进步是颠覆性技术创新利润空间最重要的来源。而市场的选择是推动技术进步的关键因素，颠覆性技术创新企业要不断根据市场的反馈对技术进行持续的优化和改良，以获取更高的利润。其次，由于颠覆性技术创新产品最初只能进入边缘市场，利润空间较小，发明者或企业需要在市场选择的基础上，不断拓展社会资源，提升自身应对各种困难的能力，形成与市场环境相适应的组织管理结构。在此过程中，颠覆性技术创新企业要充分发挥员工的凝聚力，开展细致详尽的市场调研，以适时调整自身的组织管理及运营模式。

第二个阶段是市场扩大。随着技术进步和组织管理方面困难的克服，颠覆性创新企业会较为稳定地立足于低端市场或某一细分市场。此时，颠覆性技术产品的主流性能已经基本接近或者达到了主流市场所要求的性能，开始通过技术扩散和产品竞争等方式向主流市场迈进，不断扩大自身市场份额，逐步占领主流市场，探索更大的发展空间。在这一阶段，颠覆性技术创新开始进入成熟期。颠覆性技术创新的成熟期越长，此项技术创新带来的收益和影响就越大。

第三个阶段是产业化。随着颠覆性技术创新开始进入主流市场，为了更好地适应市场环境和用户需求，企业会根据市场反馈对颠覆性技术和产品进行进一步的调整和改良，从而实现用户数量的快速增长。一段时间后，颠覆性技术会逐步取代原有主流技术，成为市场的领导者，实现颠覆性技术产品的规模化生产，并最终催生一个基于此颠覆性技术的全新产业。除了产业自身的产生和发展壮大外,颠覆性技术创新还会带来一定程度的社会经济变革,颠覆性技术的产业化会加速形成新的社会经济体制和技术—经济范式,推动社会经济愿景的发展。

2. 颠覆性技术的产业化发展

颠覆性技术具有高投入、高风险、高收益以及高成长等特性,主要是因为从基础理论探索开始,大量的人力、物力和财力就投入颠覆技术的研究之中,由于新技术本身就存在失败的可能,并且其面对的市场需求具有未知性,但高风险性和不确定性本身也会给未来产业的出现和发展带来更多的可能性,颠覆性技术对原有产业结构产生冲击,且一旦成功实现产业化就能够快速拉动产业发展,同时也能带动其他相关产业的转型升级,从整体上促进经济增长和社会进步,因此其所能带来的收益也是无法忽视的。

因此规划和布局相关颠覆性技术或未来产业的发展,已经成为政府加快产业结构改变、推动经济高质量发展的重要手段之一。从技术和产业层面看,颠覆性技术是其长期的发展方向,从其影响力看,政府和企业若加强重视程度,颠覆性技术在未来有可能成为支撑国民经济发展的重要因素。但是,由于颠覆性技术也存在很大的不确定性,存在被新的颠覆性技术"颠覆"的可能性,这表明颠覆性技术进行创新探索的路线和前景并不明确,而市场竞争力量最终会成为其发展过程中的决定性因素。如果在颠覆无望的情况下,仍然坚持实施选择性的产业政策,一旦选了错误的技术路线加以规模化,不但会导致潜在的巨大损失,可能还会失去技术开发的先机[30]。

首先,颠覆性技术利用其优势,可以弥补现有产业所不能满足市场需求的地方,提供质量更好、性能更高的新产品或新服务,从而推动现有产业的改变。例如新能源凭借绿色高效的优势能够很好地带动汽车行业的发展,打破传统燃油汽车的闭塞,同时拉动有关环境产业的发展;而基因技术有望应用于医学研究上，精准的靶向治疗将替代传统药物疗法，靶向技术的成功实施将大大提高治疗效率，在缩短治疗时间的同时降低治疗成本。其次，颠覆性技术在一定程度上指引着未来产业的发展方向，例如量子计算技术的突破和运用，当其与人工智能、网络安全等多种信息技术产业结合起来，就可以推动和转变这些未来产业的发展模式。因此，在实现技术的稳定突破后，在技术锁定阶段通过跨越式的发展推动产业的形成，然后进入高速增长的时期，真正实现从理论构建到技术产业化再到产业规模化的转变，形成具体的技术—经济范式。

最后是与颠覆性技术相关的未来产业的发展也存在不确定性。由于技术锁定阶段是走向产业化的过程，这期间仍然需要新兴技术、前沿技术以及颠覆性技术的突破和推动，这表示颠覆性技术的发展与未来产业的发展其实高度相关，因此颠覆技术的高度风险性会导致未来产业发展的不确定。一方面，一旦颠覆性技术的突破出现停滞，会造成不可估量的损失，除了使前期投入的大量创新资源沦落到沉没成本的陷阱中，还会导致产业化进程停滞不前。另一方面，技术锁定的时机也起着至关重要的作用，过早锁定某项技术范式，很可能会导致错误的产业化进程。

二、颠覆性技术创新生态

（一）颠覆性技术创新与创新生态系统的联系

现有学者的研究基本认同创新生态系统与颠覆性技术创新存在紧密的联系。里普勒（Rieple）和卡佩塔尼奥（Kapetaniou）构建了一个系统的理论框架，并提出，不同类型的颠覆性技术创新的发展需要依托不同类型的商业生态系统[31]。德德哈伊尔（Dedehayir）等研究了颠覆性技术创新在"创新生态系统"中的作用，认为不同类型的颠覆性技术创新以及不同设计属性的产品都可能会影响创新生态系统重新配置的方式[32]。闫瑞华等通过对移动互联网行业的研究发现，创新生态系统内的核心企业可以依托系统实现资源的获取和整合，并推动系统演化升级，从而占据主流市场，完成技术颠覆[33]。谷歌、亚马逊、英特尔等高科技行业颠覆性创新的成功都与核心技术平台产生的网络效应和多边市场交易密不可分[34]。反过来，它们还可以通过与创新生态系统中的其他创新主体相互作用来获取或提供互补性的产品和服务，提升其核心技术平台的价值[35]。基于该观点，奥扎尔普（Ozalp）等深入剖析了基于平台的生态系统和颠覆性创新之间的交互关系，提出现有的生态系统可能会因代际技术的转化发生颠覆[36]。

2018年，著名咨询公司埃森哲面向全球13个行业的1252位商界领袖进行的调研①发现，当被问及他们通常会如何变革所在行业或引领颠覆浪潮时，60%高管的反馈是"打造企业创新生态系统"。近半数的受访企业表示，已经或正在建立一套企业创新生态系统以应对颠覆。2020年，中国工程院院士李培根提出，掌握关键核心技术非常重要，但不可能全都掌握在自己手上，围绕关键核心技术的"共生"才是明智之举。以荷兰阿斯麦尔（ASML）公司为例，虽然该公司几乎垄断了光刻机行业，但其零件绝大部分依赖对外采购。

（二）颠覆性技术创新生态的内涵

颠覆性技术创新与创新生态系统具有密切的关联。颠覆性技术创新是基于颠覆性技术，在原有技术路径之外开辟市场，并获得主要市场份额的创新。其创新范式由原来的"创新系统"转变为"创新生态系统"。颠覆性技术创新生态是基于颠覆性技术的创新生态系统，指实施和影响颠覆性技术创新活动的主体、要素、环境、机制等的总和。在生态系统中，通过物质流、能量流和信息流促进颠覆性技术创新的产生和发展。因此，颠

---

① 所有受访企业营收均超过10亿美元。

覆性技术创新系统不仅包括企业、政府等创新主体，金融、人才等创新要素，还包括法律法规、科技政策等创新环境。颠覆性技术能否产生，不仅依赖于自身技术变革，还依赖于所处的创新生态系统，产生概率的大小，依赖技术、市场、科技、政策等因素。

（三）颠覆性技术创新生态的特征

综合来看，颠覆性技术创新生态系统具有以下特征：

科学突破性。颠覆性技术创新生态是产生颠覆性技术的土壤和环境，颠覆性技术必须是以科学突破作为基础，从而实现技术突破，最终催生颠覆性创新。因此，产生科学突破的基础研发就显得非常重要。

过程性。颠覆性技术创新是一个长期累积的过程，无法一挥而就。通常可将颠覆过程分为技术变革与市场颠覆两个子过程，技术创新主体通过合作推动技术变革，各价值采用主体通过价值共创、传递进行市场扩张，在市场和技术的交互影响中颠覆原有市场。

开放性。开放性不仅体现在生态系统能量、物质的往来传输，还体现在创新技术的交流中。基于目标导向，技术创新本质是为了增加收益，进而带来经济社会的进步。从技术创新的方法看，技术创新可以通过自主创新来实现，也可以通过技术集成和技术引进来实现技术创新的目的，进而实现整个颠覆性技术创新的过程。

产业爆发性。由于颠覆性创新以颠覆性技术为基础，受到技术体系和价值体系的双重影响，技术和产业会发生更迭，新兴技术的兴起会催生新应用领域的产生。因此，从产业发展来看，颠覆性创新由于实现了价值和性能跃迁，逐步得到市场认可。因此，颠覆性创新生态在某一阶段具有产业爆发性的特点。

价值跃迁性。从结构要素分析，颠覆性技术创新生态系统包含技术体系和价值体系两个组成部分，技术主体和价值主体之间的协同合作是颠覆性技术创新生态系统的重要基础。基于这一事实，颠覆性创新可视为通过重塑技术体系和价值体系，对现有主流技术和价值体系进行替代的一种创新形式，从根本上看，颠覆性创新过程就是产业创新系统之间的竞争和博弈过程。

综上所述，颠覆性技术创新生态系统是一种耗散结构系统，即在时间、空间和功能上靠外界影响，维持有序状态的特殊结构。技术创新系统的存在环境为自然界和人类社会，外界向其输入必要的资金、自然资源、人员以及各项法律法规、科技政策，其向社会输出新产品、新知识。这种内外部物质、能量和信息的交换，保障了系统的稳定有序。若技术创新生态系统的这种交换出现中断，那么动态平衡状态将会被打破，系统将逐步消亡。

三、颠覆性技术创新生态路径分析框架

颠覆性技术创新生态路径，是指一项颠覆性技术从产生到应用的整个创新过程中，创新生态所表现出的基本规律和特征。主要考察颠覆性技术从起源、形成到实现颠覆的整个创新过程动态发展的各个阶段的生态系统的特征。

本书主要以颠覆性技术创新生态路径作为研究对象，从创新生态系统的角度，研究在颠覆性技术创新的不同阶段：科学突破—技术选择—技术锁定不同时期创新生态系统中的创新主体、创新要素、创新环境、创新机制等的演化特点和规律，并对其整体演化路径和规律进行总结，提出颠覆性技术创新发展的相应政策建议。本文提出的颠覆性技术创新生态路径如图3-1所示。

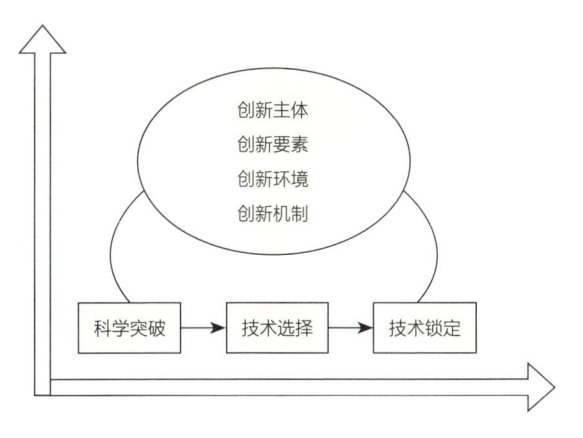

图 3-1 创新生态系统的研究架构

从颠覆性技术创新的实现路径来看，颠覆性技术创新的演化伴随着新技术的扩散和传播。研究颠覆性技术创新必须要贯通从研发到市场的全过程，克服技术创新成果市场化、产业化发展过程中各阶段所面临的困境。基于对技术生态位的考虑，可认为新技术在实现市场化和产业化的过程中需要横跨两次"死亡之谷"，第一次是从技术生态位向市场生态位的跨越，使新技术发展逐渐进入成熟阶段，基于市场生态位搭建起新的技术体制；第二次是从市场生态位向范式生态位的跨越，将技术体制扩展为社会技术愿景，以产业化发展带动社会进步。

因此，颠覆性技术创新经过科学突破、技术选择、市场选择、市场建立、市场扩大等环节后，逐渐实现产业化。在微观视角下完成技术、产品、企业和产业的转变路径；在中观视角下完成技术体系、企业群体、产业集群和区域发展的技术体制转变；宏观视角下实现生态位、社会技术体制和社会发展愿景的产业创新转变。深入了解颠覆性技术发展全流程，对开展颠覆性创新的企业跨越技术到市场、市场到产业化的"死亡之谷"具有重大作用。在该过程中，政府的帮扶和支持同样具有重大意义。

本章参考文献

[1] 潘教峰，杜鹏. 从基础研究谈如何夯实科技强国的知识基础［J］. 中国人才，2022（03）：56-57.

[2] Bush V. Science, the endless frontier［J］. National Science Foundation–EUA, 1945, 29（04）：218.

[3] 陈其荣. 诺贝尔自然科学奖与基础研究［J］. 上海大学学报（社会科学版），2013, 30（06）：80-104.

[4] 成素梅，孙林叶. 如何理解基础研究和应用研究［J］. 自然辩证法通讯，2000（04）：50-56.

[5] United States. President（1974-1977：Ford）. Annual report of the Nation Science Foundation［M］. Washington: US Government Printing Office, 1951.

[6] WATERMAN A T. The changing environment of science: what are the effects of the so-called scientific revolution upon science?［J］. Science, 1965, 147（3653）：13-18.

[7] STOKES D E. Pasteur's quadrant: basic science and technological innovation［M］. Washington: Brookings Institution Press, 2011.

[8] KUHN T S. The structure of scientific revolutions［M］. Chicago: University of Chicago Press, 1970.

[9] 陈劲，宋建元，葛朝阳，等. 试论基础研究及其原始性创新［J］. 科学学研究，2004（03）：317-321.

[10] 于绥生. 论基础研究原始创新的特点［J］. 技术与创新管理，2017, 38（04）：354-360.

[11] 郭奕玲，沈惠钧. 诺贝尔物理学奖一百年［M］. 上海：上海科学普及出版社，2002.

[12] BEVERIDGE W I B. The art of scientific investigation［M］.［S. l.］：Edizioni Savine, 2017.

[13] 黄海刚. 大学基础研究与国家科技创新的关系研究——兼论当前我国大学基础研究面临的危机[J]. 科技管理研究，2015，35（22）：7–11.

[14] 贾根良. 演化经济学[M]. 太原：山西人民出版社，2004.

[15] 陈江，张晓琴. 颠覆性技术创新的成长过程、关键要素及基本逻辑[J]. 科学管理研究，2021，39（05）：8–12.

[16] 许泽浩，张光宇. 基于技术进化理论的颠覆性技术创新方向选择研究——以电动汽车技术为例[J]. 中国科技论坛，2018（07）：37–44.

[17] SOLOW R M. A contribution to the theory of economic growth[J]. Quarterly Journal of Economics, 1956, 70（01）: 65–94.

[18] ROMER P M. Increasing returns and long-run growth[J]. Journal of Political Economy, 1986, 94（05）: 1002–1037.

[19] CASELLI F, COLEMAN Ⅱ W J. The world technology frontier[J]. American Economic Review, 2006, 96（03）: 499–522.

[20] 林毅夫，潘士远，刘明兴. 技术选择、制度与经济发展[J]. 经济学（季刊），2006（02）：695–714.

[21] 林毅夫，董先安，殷韦. 技术选择、技术扩散与经济收敛[J]. 财经问题研究，2004（06）：3–10.

[22] 鲍琳洁，努莫夫.S J. 关于利用外资、引进技术选择的研究[J]. 数量经济技术经济研究，1994（11）：64–70.

[23] 高懿. 新技术经济范式及中国的战略机遇——著名演化经济学家卡萝塔·佩雷斯观点摘要[J]. 中国科技财富，2011（07）：60–63.

[24] 库恩. 科学革命的结构[M]. 北京：北京大学出版社，2012.

[25] DOSI G. Technological paradigms and technological trajectories: a suggested interpretation of the determinants and directions of technical change[J]. Research Policy, 1982, 11（03）: 147–162.

[26] 多西. 技术进步与经济理论[M]. 钟学义，译. 北京：经济科学出版社，1988.

[27] 王春法. 新经济：一种新的技术—经济范式？[J]. 世界经济与政治，2001（03）：36–43.

[28] 克里斯坦森. 创新者的窘境 [M]. 胡建桥, 译. 北京: 中信出版社, 2010.

[29] 张玉磊, 戴海闻, 许泽浩, 等. 颠覆性技术遴选的基本原则与运行流程研究 [J]. 科技管理研究, 2020, 40 (13): 209-216.

[30] 黄少卿, 谢一鸣. 上海交大丨中国促进颠覆性技术创新亟需构建新型产业政策体系 [EB/OL]. (2022-04-11) [2022-06-01]. https://www.thepaper.cn/newsDetail_forward_17483167.

[31] RIEPLE A, KAPETANIOU C. The role of business ecosystems in the building of disruptive innovations [C] //Academy of Management Proceedings. New York: Academy of Management, 2017, 2017 (01): 15200.

[32] DEDEHAYIR O, ORTT J R, SEPPNEN M. Disruptive change and the reconfiguration of innovation ecosystems [J]. Journal of Technology Management and Innovation, 2017, 12 (03): 9-21.

[33] 闫瑞华, 杨梅英. 创新生态系统背景下移动互联网企业颠覆式创新运行机制研究 [J]. 统计与信息论坛, 2019, 228 (09): 103-110.

[34] GAWER A. Bridging differing perspectives on technological platforms: toward an integrative framework [J]. Research Policy, 2014, 43: 1239-1249.

[35] GAWER A, Cusumano M A. Platform leadership: how Intel, Microsoft and Cisco drive industry innovation [M]. Boston, MA: Harvard Business School Press, 2002.

[36] OZALP H, CENNAMO C, GAWER A. Disruption in platform-based ecosystems [J]. Journal of Management Studies, 2018, 55 (07): 1203-1241.

第四章

科学突破阶段创新生态分析

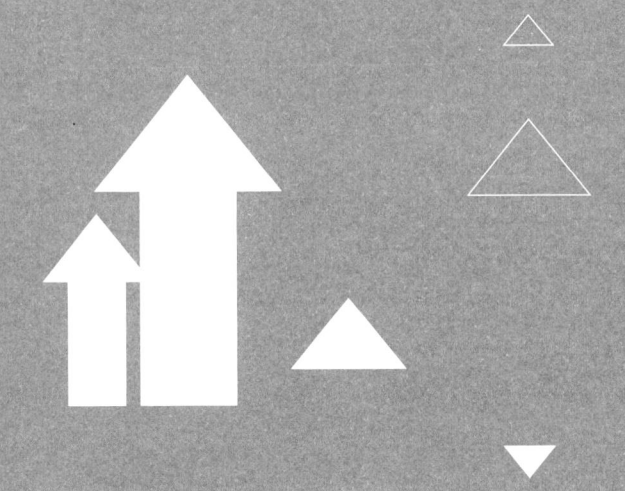

科学突破是颠覆性技术产生的前提，科学理论的重大创新往往会引致技术上的革命性变革，进而导致技术—经济范式的转变，对人类生产生活方式产生颠覆性影响。科学已经成为孕育颠覆性技术创新的土壤，但科学原理的突破不是凭空产生的，而是来自对基础研究的长期大力投入。由于原始性创新的公共产品属性、长期积累性和高度不确定性等特征，颠覆性技术创新在科学突破阶段对创新主体、创新要素、创新环境等方面提出了不同的要求，创新生态系统呈现出阶段性特色。

一、创新主体分析

基础研究原始性创新的基本特点决定了研究型大学和公共科研机构在基础研究中的重要地位，但随着技术创新对于知识创新的依赖性日益增强，许多大企业也积极投资基础研究，甚至诞生出诺奖级的研究成果，逐渐成为基础研究又一重要执行主体。从2015—2016年几个主要创新型国家的投入数据来看，不同国家各执行主体基础研究支出占全国基础研究总支出的比例差别较大，大学是美、英、法、中四国最大的基础研究执行主体，占比均在50%以上；而企业是日本、韩国最大的基础研究执行主体，占比分别为47%和58%；公共研究机构是俄罗斯最大的基础研究主体，占比高达74%，这与俄罗斯独特的历史沿革密不可分[1]。由于制度、历史和文化的区别，虽然不同国家创新体系中大学、公共科研机构及企业的地位并不相同，但仍然存在一些共性和规律。

（一）大学：追求自由探索

19世纪初，受"洪堡"思想影响，生产知识成为大学除传授知识外的一项新使命[2]。这场起源于德国的大学改革运动使得德国的大学当时成为世界上最先进的大学,并直接推动了德国取代法国成为新的世界科学中心。自此,科学研究在大学中开始走上建制化道路,并成为大学特别是研究型大学的题中应有之义。通过对1901年至2020年的诺贝尔自然科学奖获得者进行分析,发现有466人次来自大学,占比高达58.8%,而同期来自公共科研机构和企业的比例仅分别为36.6%和2.8%。基础研究实力如何已经成为评判一所大学质量好坏的关键标准,具备强大的基础研究实力是世界一流大学的基本特征。

自由探索仍然是科学发现的基本途径。基础研究具有较强的不确定性,除了可以明确总体的研究方向外,很难设定具体的研究目标,因此需要充分调动研究人员的积极性进行自由探索。20世纪重大的科学发现中,绝大部分来源于基础研究领域的自由探索,如青霉素、DNA双螺旋结构和半导体等。相较于公共科研机构和企业,大学素来具有崇尚学术自由的科学传统,大学老师可以根据自身科研兴趣更为自由地选择研究对象、研究过程和研究方法,能够充分发挥兴趣对于基础研究的驱动作用。因此,应当确立大学追求自由探索的基础研究导向,并积极营造建立宽松自由的学术氛围和制度体系,充分激发老师进行基础研究的积极性和创造性。

大学从事基础研究具有多方面的优势。首先,大学拥有较为齐全的基础研究学科门类,各学科、领域凝聚了一批相当规模和水平的研究队伍,这种多学科、多层次的人员结构易于学科交叉和思想交流,不仅能够适应科学发展高度分化和综合的趋势,也为开展多学科的综合性基础研究创造了条件。其次,大学高度重视国内外学术交流,能够充当科学信息的"集散中心",通过举办学术交流会、派遣访问学者等多种途径能够使学者及时掌握科学前沿信息和研究动向,起到拓展研究思路和增进知识积累的重要作用。最后,将教育和研究相结合是大学最为突出的优势。大学的本质功能是教育,老师带领学生尤其是研究生参与研究过程,既有利于传授学科前沿知识，又能够培养学生的研究经验、探索精神和创新意识，有助于为未来培养高水平基础研究人才，发挥出大学从事基础研究的最大效益。

虽然大学从事基础研究的优势非常明显，但同样面临着一些问题。大学的基本功能包括人才培养、科学研究和服务社会，但大学大力鼓励科技成果转化的相关政策，过于强调"服务社会"功能直接创造的经济效益，而忽略了对其他两项基本职能产生的负面影响。过于强调科技成果转化对大学科研人员形成过度商业化的激励，倾向于在可以短时间内创造经济效益的应用研究上投入更多精力，导致非教学性、非研究性活动增加。因而，必须在大学和企业间建立有效的隔离机制，完善大学自身的学术治理和评价机制，找到商业化激励与学术激励之间的平衡。

（二）公共科研机构：服务国家战略

作为国家扶持和掌握的一支战略科技力量，公共科研机构在推动基础科学发展方面具有重要作用。公共科研机构是一国在科学发展水平上的重要代表，也是一国推动科学发展的重要基础，在根本上影响着一国科学发展格局和实力。据2021年自然指数（Nature Index）数据报告显示，公共科研机构占据了自然科学领域高质量论文机构排行榜前十中的四席，中国科学院、马克斯·普朗克学会、法国国家科学研究中心、德国研究中心亥姆霍兹协会分列第一、三、四、六位，公共科研机构在基础科学领域显现出重要影响力。

与大学以自由探索为导向的基础研究不同，公共科研机构主要围绕国家战略需求和目标进行定向性、体系化的基础研究。随着科技领域的竞争越发激烈，为了抢占未来产业发展先机，各个国家均积极制定科学发展计划，对重点基础研究领域进行布局，体现出明显的国家战略导向，而公共科研机构就成为贯彻国家战略意志的重要主体，从国家发展对基础研究的战略需求出发开展定向性基础研究。此外，公共科研机构能够凭借建制化和多学科的关键优势以团队形式开展有组织、大规模、交叉性、系统性的基础研究，而由于大学科研组织力量相对比较松散，学科交叉、协同攻关的体制机制还不完善，通常无力承担此类大规模的系统性基础研究[3]，这也成为公共科研机构从事基础研究的重要优势。以马普学会为例，该学会侧重多学科前沿交叉融合以及大学不宜开展的战略性、前沿性的基础研究工作[4]，迄今为止共获得29项诺贝尔奖，是目前获得诺贝尔奖最多的公共研究机构。

（三）企业：满足产业需求

由于基础研究周期长、不确定性高，并且外部经济性和知识溢出效应非常显著[5]，人们一般认为由政府资助的大学和公共科研机构是基础研究的主体，企业对于基础研究投入缺乏动力，而且，企业可以近乎免费地使用其他主体获得的基础研究成果。但实践中，主要发达国家的大企业向来重视基础研究，尤其是在日本和韩国，企业已经成为基础研究的最大执行和投入主体。

企业开展基础研究有其合理性和必要性。一方面，企业从事基础研究有助于提高其知识吸收能力。虽然企业可以较为容易地从外部获取基础研究成果，但如果缺乏一定的知识基础和背景，则难以应用所获得的科学知识尤其是其中的隐性知识创造出重要的技术发明。因此，企业从事基础研究不仅仅是寻求科学突破，更是积累和锻炼利用科学突破的能力，只有企业具备了理解信息的能力，才能从外部知识溢出中充分受益。罗森伯格（Rosenberg）、科恩（Cohen）和莱文塔尔（Levinthal）、贝斯（Beise）和斯塔尔（Stahl）的研究均表明，企业内部基础研究水平越高，吸收外部知识的能力就越强[6-8]。另一方面，企业与大学和公共科研机构等外部科研机构的合作存在诸多困境。基础研究充满了不确定性，企业与外部科研机构难以订立清晰明确的契约，面临着较大的交易成本；企业对于基础研究具有很强的应用导向性，有时外部研发机构很难深入理解企业的特殊需求，甚至不愿意从事应用性很强的研究工作。因此，企业加强基础研究也是其必然的逻辑。

企业开展的研究活动聚焦于产业需求驱动型基础研究。产业驱动型基础研究类似于司托克斯提出的巴斯德象限，区别于纯基础研究和纯应用研究，这类研究具有明确的产业应用目标指引，但是以基础研究的形式推进的，其研究成果可能会对特定领域的技术开发产生直接的推动作用。企业的市场性质决定了产业需求驱动型基础研究是其基础研究的主要工作方向。深处产业和市场前沿，企业最容易发现具有商业前景的基础研究问题，产业驱动型基础研究将知识创造与产业发展和市场需求密切结合，极大地提高了技术和产品创新效率，对于企业来说是最佳的基础研究实践模式。

工业实验室是企业进行基础研究的物质载体。作为企业以产业应用为导向进行科学探索和利用的产物，工业实验室成为大学和公共研究机构之外进行基础研究的新型主体，实现了企业由利用外部科学知识向利用内部基础研究进行技术创新的转变，极大地提高了科研成果转化效率，为企业发展提供了有力支撑，并加强了科学进步与经济发展的联系。以美国电话电报公司（AT&T）的贝尔实验室为例，在基础研究方面，共有11人获得诺贝尔奖，9人获得美国国家科学奖，4人获得图灵奖；基于科学原理方面的突破，形成了超两万项发明专利，发明了晶体管、激光器、蜂窝电话、通信卫星、尤内克斯（UNIX）操作系统等一大批突破性的通信技术和设备，对经济社会发展产生了极为深远的影响。

二、创新要素分析

（一）人才要素

人才是基础研究的根本要素，推进原始性创新、加强基础研究离不开高质量基础研究人才的支撑。基础研究是以认识自然现象、扩展知识边界为目标的探索性活动，处于人类认知的最前沿，是最高层次的创新活动。因而说，基础研究对于人才具有天然的依赖性。例如，作为计算机理论和软件领域的最高奖，图灵奖的获得者几乎全部来自世界一流研究型大学，截至2021年上半年，美国斯坦福大学、麻省理工学院、加州大学伯克利分校获奖人数分别为29位、26位和25位。

与此同时，基础研究也对人才提出了专门化的需求。一般来讲，基础研究人才需要具备三方面的基本素质：扎实的理论基础、卓越的科学直觉以及浓厚的科研兴趣[9]。扎实的理论基础要求对研究领域内的专业知识理论有着深入的理解并能够做到融会贯通，同时还要具有丰富的实践经验和熟练的动手能力；而卓越的科学直觉要求能够在科学研究纷繁复杂的实验现象和理论知识交织中捕捉到关键信息，具有透过现象看本质的敏锐目光，善于发现问题和解决问题；而浓厚的科研兴趣则是指具有探究自然奥妙和挑战困难的强烈愿望。总的来说，扎实的理论基础是从事科学研究的基础条件，卓越的科学直觉是实现研究突破的关键诱因，浓厚的科研兴趣则是坚持科学探索的动力源泉，这三种品质是基础研究顺利开展的保障，也是基础研究人才所不可或缺的。

上述特征也决定了基础研究人才培养必然是一项周期长、见效慢的事业，需要汇聚各方合力。大学在培养基础研究人才方面具有主力军作用，在加强学科和师资力量建设、改进教学方式的同时，特别是要注重通过硕博连读、直接攻博等方式建立"长周期、贯通式"的人才培养模式[10]，以此加强学生在专一研究领域的深入学习，有效防止"分段式"培养导致的重复学习、研究方向不一致、理论基础不扎实等问题。欧美等国均非常强调理论知识学习的贯通性，对于学习成绩突出、有志于从事科学研究的本科学生，提供了大量直接攻读博士的机会。与此同时，还应注重科学研究与人才培养相结合，让学生积极参与科学研究不仅能够更好地理解和掌握理论知识，更有助于追踪科学前沿信息、锻炼研究实践能力，为培养优秀的基础研究人才奠定坚实基础。

由于基础研究周期长、风险高，并且难以产生直接的经济效益，还需要加大对基础研究人才的支持力度。首先，应当构建完善的人才资助体系。一方面，通过稳定性资助和竞争性资助相结合，给予稳定资金支持的同时致力于打造良性互动的竞争环境。另一方面，根据人才成长轨迹和特点分阶段进行资助。经过多年的完善和发展，中国国家自然科学基金已经形成包括青年科学基金、优秀青年科学基金、国家杰出青年科学基金等覆盖不同年龄段的人才资助体系。由于人才成长阶段不同，三大基金在资助规模、资助数量、培养目标上存在很大差异，如国家杰出青年科学基金主要针对45周岁以下青年，致力于培养青年学术带头人，资助规模为400万元，每年资助300项左右。优秀青年科学基金和青年科学基金在年龄段、培养目标要求和资助规模上依次递减，而资助数量则更多。其次，还应当优化人才评价体系，破除唯论文、唯职称、唯学历、唯奖项的评价导向，更加突出实际学术贡献和创新潜力，为科研人员沉下心来从事有价值、有挑战性的基础研究创造宽松的评价环境。

（二）资金要素

各国政府早已经深刻认识到加大基础研究资金投入的重要性，无论是发达国家还是发展中国家，均力图通过科学突破实现技术和产业体系颠覆性变革，进而在新一轮竞争中掌握未来发展的主动权。但在关于基础研究资金投入的某些具体问题上，如基础研究应该在研发投入中占多大比例、基础研究投入中谁应该承担起责任以及基础研究投入以何种形式使用更优等，仍需要更加精细化的思考和认识，促进资金利用效益的最大化。

基础研究投入比例会对一国的科技实力产生直接影响，持续稳定的基础研究投入有利于保障基础研究活动的顺利进行。从基础研究占研发总投入的比例来看，主要发达国家大多处于13%～25%的水平，美国常年维持在17%左右，而我国这一比例则非常低，过去常年维持在5%左右，在2019年才首次突破6%，与发达国家仍存在巨大差距。许多学者认为，这是由我国所处的经济发展阶段所造成的，较低的基础研究投入比例与我国仍属于发展中国家的国情相适宜。但实际上，即使经济发展程度较低时，许多国家也非常重视基础研究的作用，并且从中受益匪浅[11]。例如，日本基础研究投入比例在20世纪50年代中期一直高于20%，甚至在60年代一度超过30%，这成为日本能够在众多科技和产业领域与美国分庭抗礼的重要原因。而从基础研究投入强度（基础研究投入占国内生产总值的比重）来看，主要发达国家均在0.3%以上，韩国更是高达0.6%，而中国一直在0.1%左右徘徊。中国研发投入"重应用轻基础"的倾向非常明显，研发投入的快速增长主要表现在对发达国家的技术模仿和改进，而对基础研究重视不足直接导致原始创新能力不足，始终难以实现重大技术突破。

从基础研究投入的来源主体来看，现代基础研究已经不再仅仅依赖于政府的财政资金支持，同样需要企业和非营利机构等组织的力量。经济社会发展对于基础研究的多样化需求日益增强，而且基础研究已经进入大科学时代，复杂性、风险性不断上升，资金需求也越来越大，单靠政府已经难以满足[12]。正如前文所述，为满足产业应用需求和提高知识吸收能力，许多大企业围绕自身业务领域积极部署基础研究，为发明新技术、发现新机会寻找突破口，在当今技术和产业大变革的时代背景下企业竞争愈发激烈，这种趋势变得越来越明显。而企业对于基础研究的投入不仅限于自主研究，还包括委托研究、联合研究和发起捐赠等形式，企业已经成为重要的基础研究投入主体。大多数发达国家基础研究资金来源呈现出多元化格局，如美国联邦政府虽仍然是最大的投入主体，但近几十年来占比呈波动下降趋势，20世纪六七十年代最高曾达到70%左右，而到2018年已经下降到41.83%，同期企业和其他机构占比分别为28.99%和29.18%。而中国基础研究投入绝大部分来自中央财政支出，占比一直在90%以上，资金来源过于单一。因此，在不断加大政府财政资金对基础研究支持的前提下，有必要通过政策和制度安排来鼓励企业和非营利机构等组织以多种形式进行基础研究投入，如美国通过税收优惠和鼓励"产学研"结合刺激企业加强基础研究的一系列措施就取得了很好的效果。

作为最大的资金支持来源，政府资金的使用方式同样十分重要，决定着科研产出效率和基础研究成效。目前，政府资助方式主要包括稳定性资助和竞争性资助，稳定性资助注重科学研究的自由探索，能够给予研究机构持续稳定的资金支持，但对于研究机构科研绩效缺乏管理和监督；而竞争性资助则注重科研产出效率和目标导向，需要研究者提出项目申请并经过资助机构评估后择优资助，这就导致申请者和资助者倾向选择低风险、短期容易出成果的项目，而且往往会使申请者在项目申请上消耗大量时间和精力。在实践中，各国分别主要向公共科研机构和大学提供稳定性资助和竞争性资助，但为避免两种纯粹资助方式的弊端，在稳定性资助中引入了绩效评估机制，一旦评估不达标，将会影响研究机构下年度的经费预算规模；而针对竞争性资助对于高风险、长周期项目支持力度不足的问题，则允许研究者在达到预期目标的情况下为超期项目申请资助延期[四]。例如，在美国国立卫生研究院的各类申请中，延期资助申请的资助数量和金额占比均超过70%。因此，为保障基础研究基础性、战略性和突破性导向并提高科研产出效率，应当探索稳定性资助和竞争性资助相结合的机制，加大对研究机构的考核力度，增加对大学的稳定性资助比例，并设立专门针对颠覆性、长周期、高风险类基础研究的资助计划。

（三）重大科技基础设施

随着科学发展进入大科学时代，科学问题更多向"超"宏（微）观尺度、"超"极端条件等方面延伸，要实现颠覆性的重大原始创新，越来依赖于高度复杂的大型实验仪器设备，尤其是重大科技基础设施（通常也被称为大科学装置）[14]。据统计，21世纪以来，基于重大科技基础设施产生的诺贝尔物理学奖有20多项，占比50%以上[15]。例如，科学家使用欧洲大型强子对撞机（LHC）发现了希格斯粒子，为人类理解基本粒子质量的起源提供了线索；利用激光干涉引力波天文台（LIGO）首次探测到引力波，在一定程度上验证了广义相对论。重大科技基础设施已经成为大科学时代的重要标志之一，是基础研究取得重大原始创新的关键手段和重要前提。

此外，重大科技设施的重要意义更体现在对高端人才的集聚效应和科学中心建设的带动作用上。随着现代科学发展，前沿科学问题的复杂化对科研工作的观察和实验手段提出了更高要求，而重大科技设施能够为科学家们提供极限实验条件和环境，对科学前沿探索和重大原始创新起到关键支撑作用，这对于相关研究领域的顶尖科学家们来说无疑是极大的诱惑。因此，重大科技设施所在地往往有巨大的人才集聚和承载效应[16]，成为多学科、多领域高端人才汇聚的地方，促进着学科交叉融合和思想碰撞交流。世界科技强国均通过重大科技设施"筑巢引凤"，建立起了国际一流的科学中心。美国国家实验室通常拥有多个大型科学设施并凭借此聚集起一大批顶尖人才，如橡树岭国家实验室拥有散裂中子源（SNS）、高通量同位素反应堆（HFIR）、电子直线加速器（ORELA）脉冲中子源等多个先进大科学装置。该实验室有正式员工约4500人，并吸引了3000多名来自全球各地的科学家来此交流和访问，这使得橡树岭国家实验室成为中子科学、能源和高性能计算等众多科学领域的国际领跑者。

从国际经验来看，推动重大科技基础设施建设并发挥其最大效益需要注意三个问题。一是加强系统布局，对于具有重要战略性影响和潜在突破机遇的设施要尽快布局，对于长期制约科学发展但短期难以显现效果的设施要前瞻布局，做到两类设施远近结合、统筹考虑。同时，根据学科关联进行集中布局，发挥重大科技设施的集群和协同效应，促进多学科、多领域顶尖人才聚集，加强学科交叉和思想碰撞，以重大科技设施群推动国际科学中心建设。二是完善运营管理，改革经费管理模式，在设施运行经费中适当安排科研经费和人员绩效支出；建立围绕重大科技设施的人才管理、评价和激励制度；探索地方政府、企业和非营利性组织参与重大科技设施建设和运营的体制机制，提高管理运营效率。三是坚持开放共享，重大科技设施通常依托于大学和公共科研机构，要加强科技资源在各个创新主体之间的共享共用，积极推动大学、公共科研机构和企业依托重大科技设施开展多领域、多学科、多主体交叉研究，积极参与围绕重大科技基础设施的国际合作项目，加强国际交流与合作。

三、创新环境分析

（一）政策环境

从基础研究发展的趋势和规律来看，随着科学在技术发展和经济增长中的先导作用越发突出，科学的发展不再仅仅依赖于科学系统自身不断拓展和深化的内在逻辑驱动，经济社会发展需要所带动的外部牵引力也发挥着越来越重要的作用，因而现代基础研究呈现出"双轮驱动"的基本特征。因此，各国政府在制定政策时不仅考虑完善促进基础研究自身健康发展的制度体系，同时也注重引导相关资源流向与社会经济发展和国家战略需求相关的重要研究领域，从而促进基础研究自由探索和目标导向的有机结合。

一方面，各国政府都非常重视国家科学发展计划的制定[117]，通过扶持面向世界科技前沿、经济社会发展和国家重大需求的关键基础研究领域而寻求重大科学突破，为颠覆性技术创新奠定理论基础。例如，2018年9月，德国政府发布第七期能源研究计划"能源转型创新"，聚焦跨部门和跨系统的能源转型问题，资助应用基础研究并对亥姆霍兹联合会的能源研究提供机构式资助。2020年6月，美国国家科学理事会（NSB）发布《2030愿景报告》，强调在人工智能、量子信息等攸关美国国家竞争力的关键领域，广泛投资基础研究，确保大规模与长时间资助，加快从发现到创新的转化。2021年7月，印度科技部发布《2021—2025年国家生物技术发展战略：知识驱动生物经济》，强调集中资助面向国家和全球需求的优先事项中的新兴生物领域和前沿基础研究。总之，在充分识别了有可能对未来产生重要影响的优先领域的基础上，各国均积极推进重点基础研究领域的任务布局和资源投入，为相关领域的技术突破夯实科学基础。

另一方面，各国政府不断加强相关领域的法律和制度建设，为科学发展营造了良好的政策环境。制定国家科学发展计划本质上属于一种选择性政策，由于基础研究在科学原理突破领域、突破时间以及应用范围几方面都有高度不确定性，因而这种选择性政策面临着较大的风险，一旦选择错误或者遭遇失败，将会严重削弱国家未来的竞争力。因此必须建立适用于基础研究的功能性政策体系，通过相关法律和制度建设加大对广泛而一般目的的基础研究的支持。其中，比较重要的几个方面包括：不断优化基础研究人才培养和评价模式，为基础研究提供人力资本支持；加大基础研究资金投入和调整资金投入模式，构建持续稳定的基础研究资金投入机制；加强知识产权保护，促进基础研究稳定发展和科技成果有序转移、转化；推动大学和公共科研机构等知识创新主体体制改革，构建适应现代基础研究的组织模式；完善基础研究激励政策体系，创新企业基础研究税收优惠政策和资金扶持办法等。

（二）科研管理

科研项目是开展基础研究的形式载体和依托，因此科研项目管理是否合理将会对基础研究产生直接影响。为适应基础研究特别是重大原始创新的前瞻性和风险性，欧美等发达国家在不断加大基础研究投入力度、健全完善基础研究法律政策体系的同时，也在积极推动科研项目管理体制的创新和改革，在项目选题、立项评审和项目实施等环节构建能够满足颠覆性创新需求的科研管理环境。

在项目选题方面，要建立自上而下和自下而上相结合的遴选机制，一方面要从世界科学发展中提炼出前沿科学问题，另一方面要从国家安全、经济发展和社会进步的重大需求中凝练出基础科学问题，主要关注可能给科学和社会发展带来重大变革的研究领域。

在立项评审方面，首先应当确立以申请者研究能力和课题科学价值为核心的科学评审标准，适当弱化项目可行性的重要性。一些具有前瞻性和潜在突破意义的基础研究项目在申请时往往难以确定明确的研究计划和预期成果，在传统的资助评审竞争机制下很容易被淘汰掉[18]。因此，在保证选题科学价值的前提下，更应该关注申请者及其项目负责人的研究能力，让资助确实是投资于科学家本人及其智力资本，这既包括申请者在相关领域具有长时间的学术积累和成果，也包括申请者能够保证未来在该项目上投入足够的时间和精力。其次，应当建立多级评审制度，除同行评议的科学价值判断外，还应当对项目的技术和社会价值进行判断，以筛选出真正具有颠覆性意义的科学研究。其中，比较有代表性的为美国国立卫生研究院采用的"同行评审+项目官员+科学顾问"的评审制度，对研究项目的科学性、经济性和社会性进行了综合权衡。最后，考虑到某些原创性基础研究通常具有显著的非共识性，为防止该类项目因不符合科学共同体的主流认知而被淘汰，还应当在评审环节引入申请人答复反馈等机制，为申请人提供和评审专家交流的机会，以帮助评审专家更加深刻和客观地理解项目核心思想和意义，降低有突破意义的非共识性项目不被认可和识别的风险[19]。

在项目实施方面，不仅要确立保障研究顺利进行的监督约束机制，更要注重给予研究人员更大的科研自主权。传统科研项目资助周期一般较短，最长仅为5年，不适宜一些需长期攻关的基础研究项目，因此应适当延长资助周期,可以通过分阶段资助的形式以保障研究顺利进行和资金使用效率。此外,应当建立项目首席科学家责任制,对研究进展承担总体责任,同时给予首席科学家更大的自主权,允许在不降低预定目标的前提下灵活调整研究计划,拓展项目动态调整空间。最后建立包容失败的保障机制,对于客观条件造成的项目失败,应当充分考虑原创性基础研究的高风险性,秉持开放包容的态度进行妥善处置,将工作重点放在经验总结和原因分析上,针对相关研究人员和机构建立免追责机制,营造鼓励探索、大胆创新、包容失败的科研管理环境。

(三)文化环境

科学是具有文化性的,科学研究中蕴含着丰富的文化因素,并深受文化环境的影响。文化环境,特别是处于文化环境核心位置的价值观念,具有左右科学发展的强大力量。古希腊探"力"求"知"的价值取向,导致人们注重对自然及其规律的认识和思考,而古代中国追求天人合一、人与自然和谐相处的价值取向,则导致人们注重对人际关系和社会伦理的探讨,价值取向的差异成为中国古代科学发展落后于世界的重要原因之一[20]。因此,必须塑造适宜于科学发展的文化环境,形成有利于科学发展的价值观念。

一方面,要构建重视基础研究的社会理念。对比科研投入情况,无论是从基础研究占全社会研发投入的比重还是从基础研究占国内生产总值的比重来看,中国均显著低于几个主要创新型国家,对于基础研究的投入不足。从深层次上讲,这源于我国科技政策的制定理念,在中国经济快速崛起的背景下,解决经济社会发展中面临的关键技术问题为重中之重,故而弱化了科技政策的科学导向。同时,社会上仍然存在对基础研究投入不划算的错误认知,虽然基础研究的重要作用被普遍承认,但也有不少人认为基础研究周期长、风险大,且研究成果的公开发表具有明显的外溢性,短期内难以取得实际的经济社会效益，所以应该优先发展应用研究和技术开发。这种认知缺乏长远目光和全局考虑，一是基础研究投入不足将难以产生原始性创新成果，无法在科技竞争中把握未来的主动性；二是"卡脖子"技术背后涉及大量的基础原理知识，离开基础研究也难以实现关键技术突破。因此，必须在社会范围内宣传科学知识、科学方法，倡导科学态度、科学精神，提高大众的科学素养。所以应加大基础研究投入力度，通过多种形式提高各创新主体从事基础研究的热情，在政策制定层面和社会认知层面加强对基础研究的重视程度，营造良好的基础研究社会环境。

另一方面，要培养自由探索、不怕失败的科学精神。相对于构建理想的基础研究社会环境，在学术界打造崇尚学术自由、鼓励自由探索的"微环境"更为容易和有效[121]。自由的学术环境更有利于调动研究人员的积极性和创造性，例如，同行间的学术交流会激发思想碰撞的火花，有价值的思想和问题可能会为科学研究提供崭新思路，提高科学突破的可能性。由于基础研究面临着较高的不确定性，还应致力于构建允许失败的包容性科研环境。例如，美国的科研环境相对宽松，在社会各层面形成了允许失败的广泛共识，这在很大程度上保护了研究人员的工作积极性，为他们进行自由探索、大胆创新解决了后顾之忧。因此，必须积极营造鼓励自由探索、能够包容失败的科研环境，为基础研究取得重大原始性创新提供关键支撑。

本章参考文献

[1] 姜桂兴，程如烟. 我国与主要创新型国家基础研究投入比较研究［J］. 世界科技研究与发展，2018，40（06）：537-548.

[2] 曹效业，叶小梁，樊春良. 国立科研机构的形成、演化及其在国家创新体系中的作用［J］. 科学新闻，2000（43）：8-10.

[3] CHEN K, KENNEY M. Universities/research institutes and regional innovation systems: the cases of Beijing and Shenzhen［J］. World Development, 2007, 35（06）: 1056-1074.

[4] 李晓轩，肖小溪，娄智勇，等. 战略性基础研究：认识与对策［J］. 中国科学院院刊，2022，37（03）：269-277.

[5] ARROW K. Economic welfare and the allocation of resources for invention［M］// The rate and direction of inventive activity: Economic and social factors. Princeton: Princeton University Press, 1962: 609-626.

[6] ROSENBERG N. Why do firms do basic research (with their own money)？［M］// Studies on science and the innovation process: Selected works of Nathan Rosenberg. Princeton: Princeton University Press, 2010: 225-234.

[7] COHEN W M, LEVINTHAL D A. Absorptive capacity: a new perspective on learning and innovation［J］. Administrative science quarterly, 1990: 128-152.

[8] BEISE M, STAHL H. Public research and industrial innovations in Germany［J］. Research Policy, 1999, 28（04）: 397-422.

[9] 薛其坤. 基础研究突破与杰出人才培养［J］. 清华大学教育研究，2021，42（03）：1-6.

[10] 张淑林，曹晔华，古继宝，等. 基础研究类创新人才培养模式改革探析［J］. 研究生教育研究，2013（02）：35-38.

[11] 张炜，吴建南，徐萌萌，等. 基础研究投入：政策缺陷与认识误区［J］. 科研管理，2016，37（05）：87-93.

[12] 薛薇，魏世杰. 新时代我国引导社会资金投入科学研究的支持政策研究［J］. 中国软科学，2021（05）：59-69.

[13] 陈强，朱艳婧. 美国联邦政府支持基础研究的经验与启示［J］. 科学管理研究，2020，38（06）：134-140.

[14] 陈套. 重大科技基础设施内涵演进与发展分析［J］. 科学管理研究，2021，39（05）：21-26.

[15] 王婷，蔺洁，陈凯华. 面向2035构建以重大科技基础设施为核心的基础研究生态体系［J］. 中国科技论坛，2020（08）：7-9.

[16] 王贻芳，白云翔. 发展国家重大科技基础设施 引领国际科技创新［J］. 管理世界，2020，36（05）：172-188.

[17] 万劲波，张凤，潘教峰. 开展"有组织的基础研究"：任务布局与战略科技力量［J］. 中国科学院院刊，2021，36（12）：1404-1412.

[18] 刘笑，胡雯，常旭华. 颠覆式创新视角下新型科研项目资助机制研究——以R35资助体系为例［J］. 经济体制改革，2021（02）：35-41.

[19] 鲍锦涛，郑毅，彭一杰，等. 原创性基础研究的内涵分析及对原创探索计划项目的启示［J］. 中国科学院院刊，2022，37（03）：384-394.

[20] 陈益升. 科学系统的文化环境［J］. 科学学研究，1994（02）：19-22.

[21] 周文泳，陈康辉，胡雯. 我国基础研究环境现状、问题与对策［J］. 科技与经济，2013，26（05）：1-5.

第五章

技术选择阶段创新生态分析

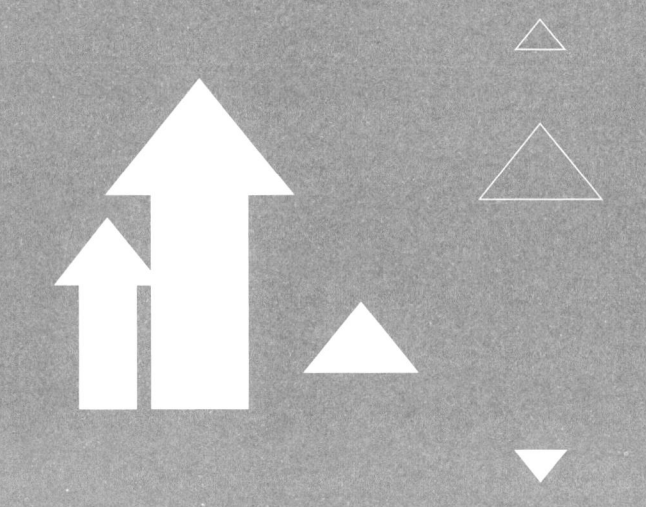

科学突破为颠覆性创新的技术选择提供了理论支持，在科学突破的基础上，原始性创新为理论发展成技术创造了条件，颠覆性创新开始进入技术选择阶段。"选择"是本章的核心。从阶段划分来看，技术选择在整个颠覆性技术创新环节中处于最重要的地位，因此备受关注，技术的选择对未来发展与人类社会生活息息相关，技术选择越具有预测性、准确性，对未来发展就越具有意义。不论是宏观还是微观角度，经济主体必然会根据自身条件以及发展战略形成自主的选择机制，选择机制所选定的新技术或技术群会对国家、企业、高校与科研院所的行为方式产生影响，从而对整个创新生态内要素流动发挥作用。这些影响与作用会反哺技术的发展，使颠覆性技术创新生态系统进一步优化。

一、创新主体分析

（一）政府

从政府角度来看，技术选择是政府为加快国家经济发展、保持国家技术先进性或者缩小与其他国家的技术差距、提高本国经济实力、增强竞争优势、提高国民收入而对一系列技术发明、技术获取、技术投资等战略进行决策的过程。以我国为例，目前我国技术选择的主要目的是通过其来缩短与发达国家在部分领域的技术差距，其方式是选择合理的技术研发方向或突破口来保持自身的竞争优势。颠覆性技术创新下的技术选择一般会调整要素结构，优化技术结构，从而实现产业结构升级，推动国家经济社会发展。

技术选择作为国家发展战略的重要组成部分，对促进一国经济增长，提高劳动生产率有着极其重要的作用。技术选择关系到国家发展长久大计，适宜的技术发展战略可以加速促进国家经济的增长，提高人民的生活水平，增强自身的国际竞争能力。

国家进行技术选择的结果受内外环境的共同作用。根据"技术选择假说"，政府要选择与本国要素禀赋相适应的技术，但是随着社会发展，技术也会不断推动要素禀赋结构优化，这会导致各种要素产量以及相对价格变化，因此政府需要对技术选择进行不断地动态调整；另外，在国家经济运行过程中，会不断出现颠覆性技术，对原有的技术结构以及产业结构造成冲击，在市场经济的影响下驱使经济系统不断自发进行着技术选择，从而使国家自主的技术选择策略不断调整。与此同时，外部国与国、区域与区域之间的竞争压力也会推动国家不断进行技术选择，通过技术发明、技术转移、技术投资等方式以加快本国技术变迁的速度，在缩小一些领域差距的同时保持其他领域的优势。

如今经济全球化日趋成熟，频繁的国际贸易与投资使得各国之间经济依赖日趋加深，竞争日益加剧，科技进步速度加快，以信息技术变革为代表的技术革命和产业革命衍生出更多样化的技术发展方向，选择合适的技术发展方向就成了世界各国需要面对的问题。越来越多的国家开始意识到，技术选择不仅是要素结构优化、技术结构升级、经济发展的重要推动力，而且也是决定国际竞争能力的关键因素。

在技术选择阶段，首先，政府要做到合理配置国家资源，根据林毅夫等人的"技术选择假说"，政府要选择与资源禀赋相适应的技术策略，根据比较优势有目的性地进行技术选择。制定政策要有灵活性，根据不同时期的国情制定不一样的技术策略，以我国为例，新中国成立初期选择重点发展重工业技术，这为国家打下了良好的国家资本积累基础，而目前我国正处于产业转型的关键时期，技术选择应该改变过去"重投入，轻产出"的片面认识，用发展的眼光看问题。同时政府需要做到与时俱进，不被资源禀赋牵着鼻子走，通过正确的政策引导，避免陷入"资源诅咒"效应[1]，避免陷入长期依赖自然资源发展的泥淖，错失转向技术型、创新型发展模式的机遇。创新生态鼓励政府的积极参与，只有政府充分发挥职能作用，从国情出发选择适宜的技术策略，才能逐步形成良好的国家创新生态。

其次，要加大对技术创新的支持力度，建立政府科研经费投入的长效增长机制，建立科研经费投入的有效监督制度，确保国家财政支出中科研经费投入所占比例逐年上升。政府对技术创新的投入对象主要分两个方面：一是高校及科研院所，二是相关产业下的企业。高校和科研院所作为国家知识传播、人才培养与技术创新的摇篮，对国家科学技术的发展一直发挥着举足轻重的作用。不论哪个国家，技术的发明与创新大部分都来自高校和科研院所，因此科研经费与教育经费便显得尤为重要。高校及科研院所培养大量人才，而人力资本与技术创新、运用、扩散和普及息息相关，作为新一轮国际竞争的重点，政府一直很重视对其的投资。此外，一项颠覆性技术的发明完善往往需要大量的经费投入，且研究周期远长于持续性创新，所以政府要扩大对技术创新的投入，为科研工作者创造良好的科研条件，加强对科研项目的资助，特别是国家重大科技项目，对高等院校和科研机构的研究人员实行补助、奖励等政策，建立有效的激励创新机制，激发发明创造的积极性。对于相关产业下的企业，政府可以采取补助扶持、政策倾斜的做法，减少对企业创新的干预，让企业真正成为创新研发的主力军。另外，推动政府、高校科研院所与企业的合作，促进知识技术产业化。近几年来我国高新技术企业迅速发展，如信息、生物、能源和材料等领域，在新产品研发和技术革新方面创造了很高的价值。由此可见，政府、科研机构和企业有机地结合起来，才能更好地使发明创造的成果转化成第一生产力，并最终促进技术进步和经济增长。

最后，政府需要创造适宜的法律环境，消除技术选择阶段的障碍。建立健全《著作权法》《专利法》等保障知识产权的法律法规，加大对知识产权的保护力度；逐步完善国家技术创新制度，使之与技术保护制度相匹配，结合科技创新发展的新特点制定相应法律法规，充分利用现代化科技信息手段，多样化知识产权保护执行方式，对侵权行为及主体依法惩治，营造良好的知识产权保护的法治化环境；同步构建知识产权信息网络体系，在知识产权服务系统中接入知识产权相关信息，便于查询专利信息与监督侵权行为，完善技术交易过程中的知识产权保护规程，加强技术交易配套的产权保护服务体系建设；推动知识产权交易平台和科技创新成果交易平台的建设，进一步完善创新激励机制，真正实现以高标准的知识产权制度推动科技成果高效率转化为实际生产力；推动创新链、产业链协同发展和深度融合，加快构建各地区间的知识、技术创新成果共享平台，加强地区之间知识产权保护工作的沟通频率和程度，防止因加强知识产权保护力度而对其他地区产业发展进程产生负向空间溢出效应[2]。

（二）企业

从企业角度来看，技术选择是企业根据其内部主观条件和外部客观环境，以企业技术战略为核心，从自身技术基础出发，通过评价各种可获取的技术资源对企业未来效益产生的影响，确定企业技术选择结果的决策过程。企业技术选择包括技术引进选择与技术创新选择[3]。技术引进选择指企业根据企业战略，结合企业资源条件与技术基础，引进对企业而言最有利的技术的过程。技术创新选择指企业根据企业战略，结合企业资源条件与技术基础，自主研发出最有利于企业发展的新技术手段或者产品的过程。要注意的是，技术引进之后企业也可以通过自主研发，创新改造出更适合自身发展的技术与产品，换句话说，技术引进选择与技术创新选择二者都可以进行颠覆性创新，但后者更为明显直接。

技术选择对于企业发展战略的意义主要表现在两个方面，一是通过技术选择可以形成企业沿特定技术路径累积技术知识，形成技术体系，使企业技术能力转化为核心能力；二是根据林毅夫"技术选择假说"，企业资源禀赋有限，通过合理的资源配置重点培育企业核心技术、核心技术能力，形成核心技术产品，提高企业市场竞争优势。

由于市场机制的存在，企业时时刻刻都面临着激烈的竞争，核心竞争力显得尤为重要。而作为企业核心竞争力之一，技术选择能力关系到企业一项或数项核心技术的创造，以及由这些核心技术之间组合形成的一种或数种企业核心产品，这些核心技术与核心产品是企业可以在市场中取得超额利润的主要优势。因此企业必须不断进行技术创新，进行合适的技术选择战略规划，重视科研在企业战略中的位置，通过对科研的不断投资培育具有自身特性的异质性技术。颠覆性技术创新对于企业而言，意味着企业拥有自己独特的、不可模仿的核心技术，同时具备企业独特成熟的技术路径。以苹果公司为例，iOS（苹果公司开发的移动操作系统）系统与自成一系的芯片研发是颠覆性技术创新最好的例子，这在移动端与PC端市场上为苹果公司带来巨大利润，依赖自己独特的芯片技术路径与移动操作系统，苹果公司在移动设备与开发上占尽优势，多年霸占着全球科技企业榜首。

但对于中小企业来说，从政府资助的基础研究到产业化的应用性创新中间有一条"鸿沟"，如何飞跃颠覆性技术创新的"死亡之谷"是发展的重中之重。可以考虑以下几点做法：

1. 发展市场潜在消费者

主流产品技术由于要顾及大多数消费者的体验，必然会忽略一定的性能，由此也产生了与主流产品契合度低的少数人群，他们为中小企业实施颠覆性技术创新提供了机会。他们是颠覆性技术创新早期的潜在客户，中小企业所开发的颠覆性产品需要满足他们的需求，并通过有效的营销策略让他们认可和消费。这部分人群暂且被称为颠覆性技术创新产品的"簇拥者"，他们具有勇于尝试新事物的特点，对颠覆性技术创新的性能要求不一定高，但是重视舒适度，所以中小企业在早期对颠覆性技术产品性能要求不宜过高，应把重心放在高适用性和便利性研究；为了可持续研究与开发，进行颠覆性技术创新的中小企业往往不会在初期便进军高端市场，因为高端市场利润率高，备受主导企业的关注，且早期颠覆性技术创新的"簇拥者"往往并没有很高的经济收入。因此他们不会通过专门的付费渠道获取信息，因此中小企业在早期市场营销多考虑大众媒体的传播方式，产品定价方面注意价格在行业内的水平，并且及时对早期消费者的满意度与评价做出反馈。

2. 打破原有行业规则

根据克里斯坦森的论证，在位企业一般通过持续性创新来稳固市场的主导地位，同时根据颠覆性创新模型，主导企业的产品创新具有技术领先的特征，通过不断升级技术使产品更新换代，提高主流市场所关注的产品技术性能以吸引消费者，获取利润之后再次投入研发资本来维持自己的竞争优势。不论是技术团队还是资金数量，颠覆性技术创新的中小企业都没有任何优势，如果只能按照在位企业制定的市场规则，中小企业永远没有出头之日，只能亦步亦趋地发展，企业规模永远不能做大。

所以中小型颠覆性技术创新企业需要去打破原有的行业规则，从颠覆性创新模型中可以看出，在位企业持续性创新会逐渐超过消费者的接受程度，在位企业技术领先的思维有时会成为与市场消费者紧密契合的阻碍，而此时颠覆性技术创新会逐渐达到大众可接受的程度，企业便有了机会，从在位企业没有注意到的价格、便捷等方面，建立属于自己的规则。英国的ARM公司就是很好的例子，与英特尔相比并没有规模巨大的工厂与庞大的技术团队，但ARM公司颠覆性地创新了芯片处理器的指令集，精简了编码芯片的指令集，抛弃了当时行业对芯片计算能力的竞争，转向功耗低的低端市场，并与苹果公司合作，将芯片大面积应用到移动端，打破了Intel制定的计算机芯片市场规则，确立了自己的竞争规则，重新划分了处理器市场，颠覆了处理器行业的走向。

3. 升级核心技术，保持不对称创新

建立新的市场规则之后，颠覆性技术创新企业会迅速形成技术创新路径，提升技术创新能力，扩大市场占有份额，形成基于颠覆性技术创新的

独特竞争优势。企业要在现有价值网络基础上实现价值创新，颠覆性技术创新虽然在初期相对简单并且依赖于现有技术的重新组合，很容易为新消费者所认可和接受，但随着技术和产品性能的不断改进，发展核心技术的重要性会开始凸显，吸引一些主流市场的消费者也开始关注，企业逐步占据市场。不对称创新是指颠覆性技术创新企业立足于在位企业竞争优势中所固有的弱点，既注重创造与其没有竞争的互动、具有"温水煮青蛙"效应的不对称局势，同时不断提高颠覆性技术为客户创造价值的能力。不对称体现在规则不对称与技术不对称两方面：规则不对称体现在颠覆性技术创新是建立在新的市场规则基础之上[4]，与在位企业的市场战略和价值体系有着明显的不同，在位企业仍有利可图，不会立刻与创新企业产生经济冲突；技术不对称体现在在位企业发现威胁之后，却由于颠覆性技术的不可模仿性等优势无可奈何，最终拱手让出市场。可以说规则不对称在一定程度上保护颠覆性技术创新企业不受在位企业攻击，而技术不对称则是打败在位企业的关键。

4. 合作研究，颠覆在位企业

颠覆性技术创新企业想要颠覆在位企业需要有很强的技术开发能力，但大多数情况下企业自身的资源条件并不具备如此庞大开发能力，因此需要借助外力来提高自己的技术实力，合作便成为一种可行的思路。根据瑞士洛桑国际管理发展学院（IMD）发表的《国际竞争力报告》，科学技术作为国际竞争力八个要素之一，其中就提到了"企业间技术合作充分程度"。将自己的不足与其他企业的优势相拟合，是颠覆性技术创新企业解决厂房有限、资金不足的一种思路，企业必须认识到短时期少量产品的独立开发并不能使企业在越来越激烈的国际化竞争中持续获利。忽视合作还意味着放弃将社会资源进行优化组合，可能造成技术、人才、资金、时间等各种资源的浪费，承受更大的风险。ARM公司在初期没有厂房与足够的资金，于是他们颠覆性地创造出"合伙企业"开发授权模式，将芯片设计方案转让授权给合作厂商，通过处理器授权、POP授权以及架构授权三种模式授权合作厂商在约定基础上自主进行创新，后来ARM公司又与英国GEC半导体公司、德州仪器、苹果公司合作，不仅给自己公司带来新的技术突破，而且树立了声誉，证实了授权模式的可行性，之后越来越多的公司例如三星、夏普参与到这种授权模式中，与ARM公司建立了合作关系，颠覆了处理器行业。

作为在位企业，面对潜在颠覆性技术创新企业的威胁，也可以采取一系列的对策来应对，避免企业失去对市场的主导权。从管理的角度出发，在位企业有的由于拘泥于现有利润与沉没成本选择持续性创新而错失良机，柯达就是很好的例子；有的过于重视利用净现值和现金流来评估投资机会，从而陷入巴门尼德谬误，认为什么也不做企业也可以很好地发展下去；还有来自委托代理制度的负面影响，公司在招募代理人时将股利视作评判代理人能力的标准之一，这无形之中给代理人很大压力，不得不将更多的努力投入在一些立竿见影的投资中，以此提高自己的业绩。从管理的角度简述在位企业可能遇到的问题之后，我们再从技术方面去考虑在位企业可以采取怎样的策略来维持自己的地位。

1. 技术竞速

技术竞速的思想是阿德纳（Adner）和斯诺（Snow）提出的，他们认为在位企业在遇到了颠覆性技术创新的挑战者时继续坚持持续性技术创新并不是一种错误的选择，人们往往会认为持续性技术创新面对颠覆性技术创新只有衰落的结局，这是一种偏见[5]。一方面在位企业不论是转型去新的行业还是寻找新的利基市场都是一件风险很高的事情；另一方面，颠覆性技术创新企业在初期由于资金短缺、厂房规模小等劣势，技术研发速度不可能与在位企业相比，于是在位企业便有了机会。在意识到危机之后，可以坚持原有技术路径开发，通过加大对持续性技术研发投资，以及发挥在位企业充裕的资金、庞大的客户群体和完善的上下游供应商渠道等优势，阻碍颠覆性技术进入市场，阿德纳和斯诺将这种策略称为技术竞速。19世纪蒸汽船技术作为颠覆性技术出现在航海业，使得传统帆船制造企业面临巨大的技术压力，于是在接下来的五十年，帆船企业实现了比原来三百多年时间还要多的技术改进，帆船业再创生机，著名的"帆船效应"由此而来。阿德纳和斯诺还举例宝马公司在面对插电式电动汽车与气电混合动力汽车的威胁时，坚持推进原有系统技术路线，加大力度研发如何提高宝马汽车内燃机的燃油经济性能，最终取得了与之相当的燃油经济性[6]。

2. 探索新技术/新行业

在位企业如果发现颠覆性技术创新具有潜在巨大优势，那么探索新技术也是一种选择，研究新技术势必要求在位企业对资源禀赋进行重新分配，组建新的团队，对新技术路径进行落地。但是企业对新技术的探索并不是这么简单的，厄特巴克（Utterback）在《掌握创新动力》一书中指出，在位企业不仅要对新技术进行探索，还需要对原有技术进行处理，同时需要考虑公司战略变化、组织结构和企业高管心理等因素，即便企业的资源再好，一些较大的在位企业都有可能难以执行这一策略。我们不得不再次提到柯达公司，因为过于在意胶片技术带来丰厚的利润而搁置了数码摄像技术，没有第一时间进军数码相机领域，被索尼佳能等企业超越。这是在位企业经常犯的错误，与潜在的颠覆性技术做比较时，管理层对于主导产品有一定的感情加分，同时他们相信顾客在一定程度上对产品也有类似的感情，可这也成为在位企业探索新技术或新行业的阻碍，过于"眷顾"过去，导致与新技术失之交臂，或是失去了在新产品市场应有的领导地位。在位企业具有技术溢出的特点，容易被模仿识别，对于潜在的颠覆性技术创新，在位企业需要合理权衡，适时进入新产品市场。尽管这一做法具有一定的风险，但同时在位企业拥有资金技术团队优势，与其他挑战者相比更容易转入新产品市场，因此要正确评估新旧技术的技术发展趋势、选择转向新技术的策略与时机，合理配置现有资源，可以实现在位企业在新技术新行业的主导。

3. 突出技术特点，转向新的利基市场

在位企业不得不承认，颠覆性技术创新企业非常具有活力，以至于有些时候颠覆性技术创新企业的崛起是迅速的，他们不会给在位企业过多的反应时间，这样的攻击对在位企业来说是致命的。颠覆性创新技术的威胁迫使在位企业重新定位技术应用领域，重新审视产品与技术的特点，放弃部分市场而转向新的利基市场。"石英危机"是最好的例子，20世纪70—80年代日本石英钟表的发明和传播引发了世界性钟表产业结构巨变。石英表企业拥有着颠覆性核心技术——石英机芯以及LED或液晶电子显示屏。与机械表相比，石英表精度更高，对外界影响抵御能力极强，最重要的是石英表价格非常便宜，只有机械表的百分之一二的价格，这给被誉为钟表之国的瑞士带来了毁灭性的打击，大量品牌倒闭，面对优势巨大的石英表，斯沃琪（Swatch）收购一大批瑞士钟表品牌，对机械表技术进行详细的分析，发现机械表具有极其复杂的三大功能（陀飞轮、万年历与三问），且与石英表流水线生产相比，机械表对消费者的意义不仅是显示时间的工具，更包含了很多美学的含义：精巧的陀飞轮需要大师亲手组装，三问美妙动听的报时音响需要制表师甚至乐师的反复调制和试制才能完成。因此机械表企业根据产品复杂的技术特点，转向了高端市场，机械表也成了奢侈品的代名词。

4. 建立子公司，竞争新的利基市场

根据中小企业的策略，颠覆性技术创新企业在初期通过占据在位企业所忽视的部分市场来立足，但是类似这样的小份额市场有很多，就像一个水果蛋糕上总有不少水果零零散散地分布着，找到这些市场并占领它们就是在位企业的策略。由于在位企业不断地进行持续性技术创新，其产品会不断优化，同时对消费者的细分也在不断变化，消费者满意度与期望值也在不断变化，于是市场不断被重塑。在位企业要对技术进行实时评估，对产品的技术特点与消费者满意度、期望值进行比对，在不断提高产品性能的同时，通过

建立子公司等方式去不断占有利基市场。子公司与在位企业相互配合，在新利基市场可以获取较高的利润，而从整体看，在位企业拥有了更多消费者，只是他们消费的产品有差异。获取新的利基市场并不会让在位企业失去在主流市场的领导地位，而是一种获取更多受众的技术细分。在荣耀手机还没有从华为独立之前，二者的协作就是很好的例子，华为手机常年霸占国内手机销量前三的宝座，而面对小米这样强大的挑战者，为了占据新的利基市场，华为推出了荣耀系列，从2013年开始独立运作。没有了品牌溢价，荣耀通过突出摄像功能，高性价比等特点迅速占领市场，获得大量粉丝，华为也完成在高端和中低端手机市场的双赢。子公司策略看起来像是与颠覆性创新企业争夺利基市场，但这并不是每一个在位企业都可以模仿的策略，最显而易见的一点是，这种策略对在位企业的技术要求较高。

（三）高校及科研院所

技术选择对于高校和科研院所来说，是以科学突破为基础，对基础理论知识进行开发，从而转化为技术成果的过程。随着科学技术的飞速发展，社会越来越认识到高校、科研院所对知识创新有不可替代的作用。从知识创新到技术创新的过程被看作高校与科研院所核心能力的体现，核心能力越强的高校与科研院所，其竞争力越强，经济效益越高。放眼全球，发达国家非常重视对高校与科研院所的扶持。在美国，高等院校被视为美国技术创新、推动高新技术发展的源泉，类似硅谷这样的高科技产业园区与高校合作，每年产出相当可观的技术专利，是美国保持世界科技领先地位的重要原因之一。

对于我国高校与科研院所来说，要在宏观层面上进行创新体制与创新战略改革，与时俱进，转变传统教育观念；在微观层面上加强"产学研"合作与特色创新人才培养工作，加快形成技术创新体系。

高校与科研院所作为颠覆性技术创新主体的一部分，如何提高自身学术水平与科研能力是一直以来探索的重点。就这一问题，本书给出以下几种方式。

1. 转变观念，深化高校技术创新体制改革

随着高等教育的不断发展，技术研究越来越具有领域化、专业化的特点，偏向于面面俱到的传统教育观念阻碍了高校的发展。高校投入社会的资本是知识与技术，利用得当可以获得巨大的经济效益和社会效益。所以，在新时代科学发展观的指导下，高等院校要发挥与时俱进的先进性，对传统教学模式与创新管理体制进行改革。高校与科研院所有着人才众多、交流广泛等独特的优势，这些优势在高效的教育体系下可以有效转化为技术创新的重要支撑。要转变面面俱到的传统观念，对于技术研究要有目的性、有侧重点地进行人才培养，充分发挥高校与科研院所技术创新培养工作在国家科技创新体系的重要作用，不断进行创新体制改革。

2. 加强技术创新人才队伍建设，建立健全激励机制

高校与科研院所要想充满创新活力，人才是关键。经济全球化为人才流动提供了便利，如何吸引和培养更多高质量人才成为国家战略发展重中之重。高校与科研院所作为高质量技术人才孵化基地，对于国家未来技术发展有着重要作用。

因此，高校和科研院所要加强人才队伍建设力度，加快技术人才培养，积极推动技术创新成果转移转化和商业化应用；要依据比较优势和重点领域，打造一批技术知识创新和人才培养基地；高校与科研院所要建立健全的激励机制，树立以人为本的思想，精神奖励与物质奖励并举，运用产权激励等多种激励方法，不仅将技术创新和工资涨幅、职称晋升等联系起来，也将其与个人经济收入挂钩，以此对相关技术人员进行有效激励培养；要培养技术创新学术带头人，带领技术创新团队进行知识探索与技术研发；要对从事基础研究的人员进行有效帮助，对技术创新发展的后续力量提供有力支撑。

3. 制定合理的技术创新战略

由于我国高校与科研院所遍布全国，其自身的地理位置、资源条件有所差异，造成各大高校经济、文化、生态等环境背景各不相同，再加上我国各个高校学科特色不同，侧重点也不一样，因此高校需要根据自身学科特点，在发挥比较优势的基础上有目的性地进行技术创新战略，例如农林类高校可以发展农学、林学、食品科学以及材料学等技术创新特色学科，理工类高校可以发挥机械、电子、船舶、化工以及冶炼等的学科特色。同时高校与科研院所要正确认识自身创新能力水平，合理选择自主研发创新与模仿引进创新两种策略，切忌拔苗助长。总而言之，通过中长期的规划，高校与科研院所在围绕自身条件与学科特色的基础上不断进行延续性创新，形成带有自主特色的科研成果。

4. 加强校企合作

企业、高校和科研院所是技术选择阶段必不可少的组成部分，企业是技术创新的主体，产学合作是风险分担、互利共赢的。高校研究所与企业合作，有利于技术开发的方向选择和要素部署，以及技术成果的转化。企业在高校开办研究机构，依靠高校的科研力量进行高新技术的研发；高校研究所吸引企业技术人员利用高校实验条件进行高新技术产品开发，同时企业在高校设立工程研究中心、技术研发中心，进行资金投入。合作可以使二者资源整合、优势互补，一方面加快学校的科研成果积累，另一方面将科技成果转化为现实生产力，为企业带来直接经济利益。二者还能积累技术经验、增强自身创新能力。企业与高校合作共赢，开展多种形式的合作，互相开放研究机构与技术中心，实现优势互补，共同发展。

根据2006年全国高等学校科技工作会议公布的信息，当时中国就已经有八成以上的大中型企业和大学建立了合作关系；国外企业与高校之间各个层次的合作更是司空见惯，校企之间的合作能够为高校建立一个低投入、高产出、项目科技含量高、市场定位准的研发平台，同时还能为企业增强自主创新能力、抢占市场商机提供动力。

5. 加强高校与科研院所合作

在技术选择的分工中,高校和科研院所各有优势。与科研院所相比,高校有更多基础知识扎实,受过很好的科研训练的优秀研究生,这些研究生中很大一部分是未来科研队伍的后备军;高校的学科门类也比较齐全,不同学科之间交流更为频繁,有利于产生交叉性学科成果。与高校相比,科研院所也有自身独特的优势。科研院所担负培养人才的职能较少,因而可以集中精力进行技术研究,有更多的机会实现技术突破;科研院所一直在进行企业化转制,与社会企业联系紧密,更加清楚社会的需求,技术成果转化更为快捷[7]。因此,高校和研究所各具优势,在创新过程中,二者相互配合,能够实现资源的优化。国外高校与科研院所之间的合作十分密切,例如美国的国防部、能源部研究员可以在高校里面兼职教授,将前沿的技术与知识结合进行讲授,高校学生可以去研究所里参观甚至实习,接受知识与技术培训。我国也在效仿这一做法,一些科研院所和高校有意地开展经常性的学术交流和互访活动,委派研究人员和研究生进行合作研究,举办学术讲堂,从整个创新生态来看有利于整体创新能力的提高。

二、创新要素分析

(一)人才要素

在颠覆性技术创新生态背景下,"人才"一词更侧重于技术创新人才与管理创新人才。对创新人才,黄楠森先生有着这样的定义"什么是创新人才?创新人才最根本的品质是具有自觉的创新意识、具有缜密的创新思维和具有坚强的创新能力。当然,一个真正的创新人才还需要具备许多其他条件。他必须比较广泛而深入地掌握了前人所创造的文化知识,能在这个基础上创新。"[8]。创新人才是政府、企业、高校进行技术创新的基础,而技术选择阶段正是这三大创新主体对技术研发、技术选择的过程，因此创新人才是技术选择阶段的重要支撑。

从颠覆性技术创新生态系统来看，各创新主体配合得当可以实现创新人才的流动。科研院所的研究员可以进入高校与学生互动，教授前沿的知识技能，也可以与企业合作，加速技术落地；企业与高校合作，研究人员与管理人员进入高校进行行业技术或管理技术分析，高校作为人才的摇篮，为企业和科研院所培育潜在的创新人才。这样，人才在各种创新主体之间形成了流动，不断促进全社会颠覆性技术创新发展。

因此，人才培养作为技术发展的重点，被各国所关注。世界各国纷纷实行人才培养以及人才引进措施，以美国为例，从20世纪下半叶开始不断颁布人才引进法案：1952年，国会通过移民法《麦卡伦-沃尔特法案》，美国开始接收亚洲移民；1965年，国会通过《1965年外来移民与国籍法修正案》，专门留出近三万个移民名额给全球各国高级人才；1990年，国会通过《家庭团聚与就业机会移民法》，推出杰出人才绿卡、投资移民签证，吸引在科学、艺术、教育、商业、体育和商业方面具有特殊才能的人才。同样，我国在人才培养与引进方面也在不断努力，一方面，国家设立重大人才建设工程，另一方面，颁布各种海外高层次人才引进政策，为国家招揽人才。根据2020年《中国创新指数研究》数据显示，我国科研人员全时当量达523.5万人年，比上年增长9%，继续稳居全球第一。同样作为创新主体，高校设立创新人才专项培养计划，企业通过校企合作、人才孵化、校园招聘、社会招聘等一系列项目将人才整合已用。

（二）资金要素

不论是颠覆性技术创新还是持续性技术创新，都需要资金来维持创新主体的运行。资金作为创新主体的命脉，与创新主体的存亡息息相关。在技术选择阶段，创新主体对基础研究已经有了一定的进展，这时需要研发资金继续投入使得相关技术专利、新产品能够顺利产出，国内外已经有很多研究表明研发资金投入强度与产品技术产出、技术进步速度表现出显著正相关，尤其是作为技术创新主体的企业，科技研发资金投入与企业盈利有显著正相关关系。

从颠覆性技术创新生态系统来看，资金作为一种投资，它的流动更多地体现在投资成果即人才与技术方面的流动，但这并不代表资金流动是完全看不到的，比如政府财政部门通过规章制度拨款给高校和科研院所用于人才培养和技术研发；企业与高校科研院所建立合作关系时，会对合作院校进行资金投入，建立人才孵化基地或者举办企业宣讲活动；政府有时出于国家特定技术选择，会对本土企业或科研院所进行定向资金投入，或是对他国技术进行资金购买（即技术引进）。

技术选择作为颠覆性技术创新过程中最重要的一个阶段，对资金投入的需求量很大。同样，政府或企业对技术研究的投资越大，其颠覆性技术水平就越高，越容易占据国际/行业市场。从目前来看，我国对技术研发的资金支持稳居世界前列，根据《中国创新指数研究》课题组测算，2020年我国创新投入指数突破200，研发投入保持较快增长，投入总量稳居世界第二，投入强度在世界主要经济体中的排位已从2016年的第16位提升到第12位，接近（经济合作与发展组织）国家平均水平。国内企业方面，企业科研经费对全社会科研经费增长的贡献达到77.9%，在规模以上工业企业中有20.8万家开展了技术创新活动，占比为52.1%，首次突破50%[9]。

（三）基础设施要素

当创新主体具备了充足的人才和资金，基础设施的规模、数量以及质量就成为一个创新主体能否超越其他竞争者从而获得优势的重要条件。技术选择阶段，我们强调的基础设施更偏向技术基础设施，技术基础设施不同于科技基础设施，科技基础设施特别是国家投资建设的重大科技基础设施侧重于创新的物质技术基础，更多的是科技创新在硬件方面的投入。而技术基础设施特指技术创新中的一类基础性资产，既具有传统基础设施的属性，又包含一定的知识产权，共性技术、基础技术和专用技术是技术基础设施的主要组成部分。换句话说，技术基础设施更突出"技术"这种可以代表创新主体软实力的要素，强调科技成果在转化为现实生产力的过程中所起到的核心作用，是连接基础科学与企业创新活动的桥梁，在降低企业创新风险、激励企业加大创新投入中发挥着重要作用。

从颠覆性技术创新生态系统来看，技术基础设施作为具象化的"技术"，具有一定的流动性特点，一方面，颠覆性技术创新企业多为中小企业，技术基础设施薄弱，政府可以通过政策扶持满足其对技术基础设施的需要；另一方面，由于科研活动与高质量技术研发多集中在高校与科研院所，而作为创新主体的企业可以通过技术基础设施与高校科研院所连接起来，实现技术到生产力的转化。

技术基础设施作为技术选择阶段创新主体间相互沟通的桥梁，有着很强的重要性，现如今科技竞争愈发激烈，不论是从宏观视角还是微观视角，加强技术基础设施建设与管理势在必行。虽然近年来中国在创新领域取得了巨大进展，世界知识产权组织发布的《全球创新指数2017》中中国排名跃居第22位，但不可否认，与技术前沿国家相比，中国在知识基础、核心技术和前瞻性技术等领域仍然存在较大差距，多数产业仍处于全球价值链的中低端，其中技术基础设施发展滞后是制约我国现阶段科技创新的瓶颈和薄弱环节。加强技术基础设施建设，加快技术和技能积累，完善全链条的创新支持体系，不断提升自主创新能力，是在当前新技术革命发展趋势下，改变我国技术创新现状的必然选择。

三、创新环境分析

创新环境决定了颠覆性技术创新生态系统演化的方向，在技术选择阶段，我们将从六个方面分析创新环境影响：政治环境对技术选择的影响；经济环境对技术选择的影响；文化环境对技术选择的影响；禀赋环境对技术选择的影响；科技环境对技术选择的影响；教育环境对技术选择的影响。从技术选择的两个阶段来看，颠覆性技术创新生态系统在各种环境相互作用下，生命力强的技术被保留了下来，技术创新路径实现了优化。

除此之外，通过对我国各种创新环境的分析，可以看出中国特色社会主义制度的优越性，也可以看出我国颠覆性技术创新生态系统的发展潜力。正确的技术选择战略需要创新环境的支持，反过来也会促进创新环境发展，久而久之，我国技术选择战略与创新环境相适应，能协调发展、相互促进，不断处于正反馈的循环之中。

（一）政治环境

政治环境主要指国家政治制度和政府制定的法律法规。先进的政治制度有利于国家发展，而一切颠覆性技术创新都需要在国家发展的根本前提下进行，因此，良好的政治环境是颠覆性技术创新的根本保障。只有政治环境平稳，国家经济发展，人们安居乐业，市场需求增加，才会促进创新主体进行颠覆性技术创新。技术选择作为颠覆性技术创新过程中最重要的阶段，离不开政治环境健康运行。

制度优势是技术发展的根本保障。中国特色社会主义制度的先进性体现党的领导、人民当家做主和依法治国的有机统一，广大人民群众用70余年的时间将我国从新中国成立初期一穷二白的状态建设成如今世界第二大经济体，我国的快速发展无疑体现了国家政治制度的优越性。当下科技竞争愈发激烈，技术创新成为时代热点，党的十九届四中全会上通过的《中共中央关于坚持和完善中国特色社会主义制度 推进国家治理体系和治理能力现代化若干重大问题的决定》指出，坚持中国特色社会主义制度，是实现科技创新驱动的根本保障。想要协调不同创新主体，形成创新的强大合力,集中突破制约科技创新发展的重点领域,找准自身的优势实现"弯道超车",需要坚定不移地坚持中国共产党对科技事业的领导,发挥党的领导优势,调动各方积极性,集中力量办大事。

保持良好的政治环境不仅需要党和政府的努力,更需要每个人的守护,在颠覆性技术创新生态系统中,各个创新主体要做到坚持党的领导不动摇,政府要保持风清气正的政治环境,高校和科研院所要培养学生正确的政治观,企业要坚持维护国家主权与安全,牢记技术创新为国"争气"。

(二)经济环境

经济环境是影响颠覆性技术创新最重要的因素之一,通常以购买力来反映经济环境水平。企业是经济环境最大也是最直接的感受者,作为创新主体中重要的一员,盈利是企业进行颠覆性技术创新或者持续性技术创新最重要的理由。良好的经济环境中,人民安居乐业,需求增加。面对需求,企业会加快技术创新,从而使技术快速发展,技术快速发展使得企业利润增加,进一步加大对技术研发的投资,形成良好循环。政府作为经济环境的调控者,可以通过政策、资源禀赋等对经济环境进行合理有效的控制。宏观层面来看,经济环境反映出一国国民经济发展水平和发展速度,是综合国力的重要体现。此外,经济环境也会影响高校教育质量与科研院所的技术实力,进而对颠覆性技术创新的长期发展潜力产生很大影响。不仅是创新主体,创新要素也与经济环境密切相关,因此,颠覆性技术的技术选择离不开经济环境平稳运行。

回顾新中国成立70余年,我国科学技术的快速发展离不开经济转型升级与庞大的市场规模。颠覆性技术创新视角下,党和政府对宏观经济的正确把控,使我国实现了经济飞跃式发展,新中国成立70周年之际,我国人均可支配收入较新中国成立初实际增长59.2倍,人民生活水平实现了从温饱不足到迈向全面小康的历史性跨越,作为创新要素之一的资金不断积累。与此同时，经济发展带动技术基础设施在全国范围内大面积快速传播，生活水平提高加深了人民对更高层次的马斯洛需求的向往和追求，自我价值实现的想法滋养出一大批人才，创新要素不断积累集聚。经济快速发展使得我国在科学技术方面逐渐缩小与发达国家的差距，并有选择性地实现部分高端技术突破，目前在激光、核电、量子通信等技术方面实现世界第一；企业拥有更好的经济环境，大量颠覆性技术创新企业如雨后春笋般涌现，通过技术研发、技术选择不断增强核心竞争力，华为、美的等企业就是经济发展带动下最好的例子；高校与科研院所也拥有更强的教学与研究质量，科技创新与人才培养能力大大加强，不断为社会提供新技术与人才。

为了保持良好的经济环境，我们首先要坚持中国特色社会主义市场经济体制。政府作为宏观经济管理者，要把握好经济运行态势，对经济合理调控；高校要注重人才培养与经济发展相适应；科研院所要对经济做出准确调研；企业要遵循各项经济制度，遵守市场规则，认识到技术对经济产生的外部作用，选择与经济发展相适应的技术。

（三）文化环境

文化环境作为社会价值、社会观念、社会信仰等其他社会因素的具体体现，对颠覆性技术创新具有重要意义，文化环境塑造了人们的价值观，影响着人们的一举一动，从某种意义上说，文化环境包含着社会、经济、政治等一系列环境，是创新环境中概念范围最大也是最难以把握的。

文化环境与其他创新环境之间是相互影响的，因此对于颠覆性技术创新生态系统来说，文化环境更多的是通过影响经济环境、政治环境、禀赋环境来使创新主体做出适宜的技术选择。

由于文化环境与其他创新环境相互影响，因此维护良好的文化环境，需要政府保护好其他创新环境，树立正确的社会价值观和良好的社会风气；高校、科研院所与企业要坚定不移地维护社会价值观，尊重民族习惯宗教信仰，守护民族文化。

（四）禀赋环境

我们在前文已经多次提到过资源禀赋，按照林毅夫"技术选择假说"理论，在技术选择阶段，资源禀赋是制约创新主体进行技术研发与引进的关键变量。发展中国家需要遵循比较优势，考虑自身资源禀赋结构，合理合宜地进行技术选择；同样，作为技术创新主体，颠覆性技术创新企业自身禀赋结构反映出企业实际情况，创新企业只有清楚了解自身情况才能做出正确的技术路径选择；高校与科研院所虽然与国际国内市场直接接触较少，但不可否认的是国家与企业的资源禀赋会影响其战略规划，从而间接影响对不同种类技术与人才的需求，并在一定程度上影响高校与科研院所教育和研究的方向。

在颠覆性技术创新生态系统中，禀赋环境会随着生态系统演进而不断变化。从比较优势战略出发，我国根据自身资源禀赋特点不断调整技术选择战略，以最快的速度提升自己的技术水平，兼顾自主研发与技术引进，从新中国成立初期重点发展资本密集型技术，依靠丰富的自然资源发展重工业，为国家以后的发展奠定物质基础，再到改革开放时期，利用人口红利引进劳动密集型技术，使资本快速积累，国民经济水平与发达国家间的差距逐渐缩小。如今我国国富民强，国家技术战略转向技术密集型与知识密集型，坚持科技兴国，可以说我国一直在根据资源禀赋所决定的比较优势选择研发和引进最适宜的技术。

现如今社会发展很大程度上是以科学技术为主导的，技术密集型和知识密集型产业是经济发展的重要动力，因此，政府在进行技术选择战略决策时必须考虑与技术相关要素资源禀赋结构是否匹配，作为技术创新主体，颠覆性技术创新企业需要根据自身禀赋结构来分析技术选择路径是否与企业实际情况相匹配，高校要注意各类人才培养的数量和质量是否和国家技术战略相匹配。总而言之，国家或企业采用何种技术、利用何种方式获得技术从而进行技术创新都必须要与资源禀赋结构相适应或相匹配。

（五）科技环境

科技环境，主要指创新主体进行科技活动的环境，科技环境情况的优劣主要体现在：科研资源储备状况，例如科研人员数量、科研物资设备、科研资源投入强度（科研经费占GDP比重）等；科研能力（基础研究、应用研究、试验开发与发展）。例如，该国发表科技论文的数量、申请专利的数量、拥有的技术标准数量；科研资源的运行机制，例如资源的配置机制、配置效率等；市场上企业之间的科技投入状况，反映在新产品种类和数量、新产品中的科技含量以及在市场上的竞争情况；社会和政府对科技活动的重视程度，反映在政府对企业科技活动和科研的支持力度，对专利（知识产权）的保护状况等。

在颠覆性技术创新生态系统中，科技环境最直接影响创新主体进行技术选择，我们已经说明，科研投入与基础研究突破有显著正相关性，颠覆性技术选择的前提是基础研究突破，同时选择主体的技术水平以及其所处的科技环境状况约束着技术选择进行，从内部来看，创新主体原有的技术结构、技术积累等自身技术要素决定着颠覆性技术如何选择。从外部来看，全社会科研水平决定着创新主体技术选择能否实现。

科技环境对技术选择有着重要的影响，例如，拥有大量技术工人和较高科研研发能力的日本，20世纪50年代至60年代从欧美等国家引进了大量的专利技术，极大地促进了日本技术水平的提高。而缺乏航空科研人员和熟练技术工人，并且缺乏试验"风洞"设备的印度以及我国台湾地区，要发展航空工业，引进或开发先进的军用飞机制造技术，就很难获得成功。

可以说，拥有一个良好的科技环境是颠覆性技术创新取得成功的必备条件，为此，政府要坚持科教兴国思想，增加对科技的研发投入，健全技术基础设施建设；企业要重视自身技术积累与科技环境相适应，积极参与社会技术基础设施建设，加强与高校及科研院所的合作。

（六）教育环境

教育环境与颠覆性技术创新有着密切关系，教育最直接的成果是人才，教育的数量和质量是决定人才数量和质量的重要因素。教育环境更多地体现在高校与科研院所这一创新主体内部，高校与科研院所是技术研发与人才培养的摇篮，因此教育环境对技术研发与选择有着至关重要的作用。国家教育发展水平的高低，直接影响该国人才质量与技术水平的高低，教育水平较高，技术研发能力和技术学习能力就相对较高。因此教育环境在技术选择阶段中起着重要的作用。

在颠覆性技术创新生态系统中，只有国家拥有良好的教育环境，才有机会培养出一批高水平的研究与开发队伍，拥有先进技术的跨国公司才会考虑利用当地优秀的人才资源，加大在当地的人才投资，积极探索与该国进行合作的可能性。国家由此有了技术选择的机会，才会顺利进行技术引进与技术研发。新中国成立70余年，我国教育水平跃居世界中上行列，九年义务教育普及率达到95%以上，快速提高了人均文化水平，从而也使中国更加快速地崛起，拥有更多参与世界先进技术研发的机会，从而获得了更多实质性的技术。与此同时，创新企业吸收高质量被，提高了对外来技术的消化、吸收能力，从而更科学地进行企业自主技术选择，加快了颠覆性技术创新发展。

为了保障教育环境与技术创新相适应，一方面，政府需要健全教育相关制度与法律法规，保障公民合法受教育权力，另一方面，需要不断加大对教育的财政投入力度，确保本国教育环境质量居于国际前列；高校与科研院所是教育环境最直接的参与者，一方面，需要加强师资队伍建设以及完善教学设施，另一方面，要对学生教学计划有正确的规划，根据不同的专业培养不同的人才；企业要维护良好的教育环境，一方面，抵制任何以盈利为目的的教育，另一方面，加强校企合作，共同培养创新人才。

本章参考文献

[1] 邱洋冬，陶锋. "资源诅咒"效应的微观机制解释——基于企业创新与技术选择视角［J］. 西安交通大学学报（社会科学版），2020，40（05）：99-110.

[2] 万伦来，陈永瑞. 知识产权保护对经济高质量发展的影响——来自2008—2017年中国30个省份的经验数据［J］. 科技管理研究，2021，41（17）：136-143.

[3] 莫淑华. 企业技术选择的评价与决策方法研究［D］. 西南石油大学，2006.

[4] 黄海洋，陈继祥. 颠覆性创新的扩散过程与中小企业的竞争策略［J］. 工业工程与管理，2011，16（01）：123-129.

[5] ADNER R, SNOW D. Old technology responses to new technology threats: demand heterogeneity and technology retreats［J］. Industrial and Corporate Change, 2010，19（05）：1655-1675.

[6] 石俊国，郁培丽，孙广生. 颠覆性技术威胁下在位企业的战略响应与时机选择［J］. 技术经济，2018，37（08）：28-34.

[7] 徐恒，郝会会. 研究所、高校和企业的技术创新分工研究［J］. 郑州航空工业管理学院学报，2006（04）：109-112.

[8] 黄楠森. 创新人才的培养与人学［J］. 南昌高专学报，2000（01）：5-7.

[9] 中国信息报. 中国创新指数再创新高创新能力和水平持续提升［N］. 中国信息报，2021-11-01（02）.

第六章

技术锁定阶段创新生态分析

颠覆性技术从提出到真正落实需要经历漫长的历程，技术锁定阶段恰恰是考验这项技术是否能真正实现"颠覆"的关键时期。成熟的颠覆性技术能够重塑人们生活和工作的方式，引领新产品和服务的发展，同时也能重塑价值体系。当前，新一轮科技革命和产业变革已经兴起，人工智能、新能源、生物工程等具有重大颠覆可能性的领域，正慢慢与传统产业结合起来，不断创造出新产品、新需求和新业态，为产业变革和社会发展提供创新驱动力。换言之，技术锁定阶段正是技术—经济范式的形成阶段或者是新产业的萌芽阶段，在此阶段，创新生态系统内的各因素能够实现价值共同创造。

一、创新主体分析

创新主体在实现技术突破的过程中所表现出的行为呈现明显的差异性。综合考虑技术锁定的特征以及颠覆性技术的两面性，加之颠覆性技术创新的理论基础在技术锁定阶段已经逐渐成熟，因此高校与科研院所这类知识创新主体将逐渐淡出该阶段的创新生态系统。但这也并不意味着它们在系统中毫无作用，当颠覆性技术创新成功后，仍应继续进行持续性创新以维持现有的优势，其中就需要知识创新主体继续进行相应的理论研究。而本节重点关注技术锁定阶段的主体行为，因而重点围绕政府和企业进行分析。

（一）政府

从颠覆性技术的优势上看，在新一轮科技革命的催化下，发展颠覆性技术、推动革命性创新，不仅成为推动经济高质量发展的战略选择，同样也已成为抢占国际竞争力的制高点。因此，政府在技术锁定阶段应该继续鼓励创新，例如，世界上大多数国家都在提倡建设"后勤式政府"，主要强调政府不应过多干预市场发展，而应该更多地为技术发展提供良好的产业环境。因为在后摩尔时代，以往通过向先进国家学习或模仿新技术，从而提高本国前沿技术水平的方法将不再适用，这样的产业政策可能会面临着失效的问题，而决定颠覆性技术突破方向的必然是市场竞争的力量[1]。因此，政府应当协调好市场内各主体之间的关系，为推进颠覆性技术产业化提供高效服务。

从颠覆性技术的风险上看，一方面，颠覆性技术自身在锁定阶段能否实现经济效益和社会效益具有未知性；另一方面，技术锁定阶段具有时效性，这种时效性同样给国际竞争带来了压力。今世界各国都在研究和部署颠覆性技术，科技竞争代替了劳动力竞争，如果某个国家能够真正实现颠覆性技术突破，并成功将其产业化时，相对落后的国家则在很长一段时间内都很难实现追赶和超越。因此，政府在推进产业化的过程中要做好一定的宏观调控，纠正技术产业化偏差，遏制错误的市场走向[2]。

政府在颠覆性技术创新中担任着重要角色，结合上述技术锁定阶段进行产业化的优劣势对政府行为进行分析，主要包括以下几方面。第一，政府应鼓励和提倡企业进行自主创新。当地政府应当根据本地实情，综合考虑资源条件、历史基础等推进颠覆性技术产业化，例如，按经济发展需求建设相应的高新技术产业设施，建设诸如量子信息、大健康等颠覆性技术发展的产业基地，以探索创新驱动、产业引领的内生发展之路。第二，根据颠覆性技术创新的特征，结合知识资产化、创新个体化等特性，制定相应的管理制度，为技术在锁定阶段进行产业化提供有力基础。例如，加强对知识产权的保护、结合市场经济发展条件制定相应的企业经营制度以及风险与收益相匹配的分配制度。第三，广泛运用基于普惠原则的功能性产业政策工具，对进行颠覆性创新的企业给予帮扶，推动企业的创新活动。

具体表现为对创新研发的公司予以补贴,包括资金补助、人才补助、抵免税的优惠政策等。第四,构建良好的营商环境,实现创新生态系统效益最大化[3]。在技术锁定阶段,其主要目的是利用技术突破实现产业化,因此,政府应当转换思路,改变包办产业发展的做法,更应该将工作重点放在协调和服务上,例如,完善相关的政策法规、制定与人才引进、产业改造以及金融财税等相关的发展规划,创造一流高效的营商环境。

(二)企业

克里斯坦森于1997年在其著作《创新者的窘境》中提出,企业是颠覆性技术创新的主体[4]。颠覆性技术的成功突破也是企业获得未来发展主导权的战略点,前提是企业需要把握市场需求、紧跟市场动态,对产品或服务的形态有正确和具体的认识。

首先,企业要保持创新意识,以适应市场化进程和全球化竞争。具体表现为坚持创新驱动发展战略,如重视研发部门的工作,要求其将市场需求与企业想法紧密结合起来,同时明确部门主管和员工的工作责任,培养他们的创新意识和创新能力;同时建立健全颠覆性技术研发制度,为实现颠覆性技术产业化提供基础[5];建立相应的考核和奖励制度,对有杰出贡献的员工予以适当的奖励,以充分调动他们的创新积极性等。

其次,企业应根据市场动态及时做出调整,减少因不满足市场需求而带来的损失[6]。在新一轮科技革命、新工业革命以及制造业、服务业相融合发展的背景下,以市场需求为根本导向、以企业为主体、以信息技术等新技术为发展基础形成新产业、新业态[7]。由颠覆性技术所引发的产业结构改变具有一定的时效性和动态变化性。由于经济全球化的影响,国际技术竞争形成的产业形态影响着各国颠覆性技术的发展方向,另一点是技术—经济范式的内容和形态都会随着最新技术和模式的突破应用随时发生改变和调整。据此企业可以通过提升颠覆性技术创新开放合作的水平,考虑利用人才引进、合作开发或者参与国际标准化活动等方式与国际接轨。此外，企业还应当组织搭建完善的市场团队，通过市场调查等方式实时分析市场需求变化，及时调整技术性能以满足消费者的需求。

最后，坚持品牌建设、树立良好的企业形象，积极承担社会责任。企业形象是一家企业内在素质的外在表现，它能够向消费者传递出与企业文化相关的信息，有利于颠覆性技术的宣传与推广，提高了消费者对新产品的信任度，这样能够加速产业化进程[8]。

在我国，海尔的无压缩机制冷就是颠覆性技术产业化的成功案例，它凭借这项制冷系统项目赢得了首届全国颠覆性技术创新大赛的最高奖项。在过去长达十几年的时间里，海尔积累了大量技术产业化的经验，成功研究出了无压缩机固态电卡制冷技术，通过模组研发、制冷机系统研发最终实现产业化应用，这是一项颠覆传统压缩机制冷行业、具有重大突破意义的新技术，并且极有可能开启新型绿色制冷的新时代。海尔的胜利不仅具有成功的市场意义，更具有重大的社会意义，它深知作为业界龙头企业更应当肩负起社会责任，海尔一直坚持绿色发展理念，致力于研究和开发节能环保减排技术，这完全符合当下发展的大背景。颠覆性技术的意义重大，但是其巨大的风险阻碍了很多有能力的企业进行探索，海尔的成功无不是一种启发。作为市场占有者，围绕市场动态变化，满足消费者需求；作为行业先行者，紧跟时代步伐，提前部署企业发展规划。

从海尔的案例中，我们不难总结出技术锁定阶段大型企业进行颠覆性技术创新的行为特征。作为大型企业，其承担风险的能力会比中小型企业更高，因此在面对颠覆性技术创新的失败时，有一定的缓冲能力；但这并不意味着中小型企业就不能进行颠覆性技术创新，树立正确的创新意识是每个企业所应当具备的，企业应根据自身情况决定进行哪种类型的创新活动。因此，只有当企业正确认识和抓住颠覆性技术，并且坚定探索的决心，持之以恒，才能率先把握市场的发展方向，赢得推动经济发展的先机。

二、创新要素分析

（一）人才要素

在新一轮科技革命的背景下，人才作为资源要素是经济发展的必然条件，人才要素在产业竞争、企业竞争中一直扮演着重要的角色。颠覆性技术发展是加快产业升级和转型的重要影响因素，而人才要素是实现技术突破、推进技术产业化的重要支撑，因此，科学技术的竞争实则是人才的竞争。

从微观层面上讲，人才竞争为企业发展提供了知识、技术基础，通过增强企业的竞争实力为企业赢得了一定程度的市场份额。企业只有依靠人才智力因素的创新与变革，依靠科技进步，进行有计划的人才资源开发，把人的智慧能力作为一种巨大的资源进行挖掘和利用，才能达到科技进步和经济腾飞。从宏观层面上讲，人才能够给产业持续健康发展提供保障[9]。颠覆性技术实现产业化转变不是一蹴而就的，而是需要通过专业人员研发相关技术并且通过特定的人才将其推广和应用。《2020中国数字化人才现状与展望》数字报告中提出，人才可以按照职能进行分类，主要包括管理人才、专业人才和应用人才等，其中技术管理人才发挥统筹协调的能力，为技术锁定实现商品化或产业化推广提供整体的规划和布局；专业人才则注重技术研发、产品投放、项目运营等事项，帮助企业攻克技术难关、解决业务问题；而应用人才是将技术应用于业务实践上，关注产品质量问题以提高业务价值和效率。

在技术向产业化推进的过程中，人才是不可或缺的一部分，相关人才的数量和质量都决定了产业化的走势，只有用对人才策略才能保证技术锁定任务圆满完成。对于政府来说，主要是为产业化人才提供发展平台，大力培养和引进相关人才，通过实施人才政策吸引产业化人才。政府要明确技术产业化的发展方向，根据其战略目标匹配相应的人才。一方面，从人才引进角度来说，政府应当设立人才专项储备基金、提供住房补贴、交通补助，为人才子女解决异地教育问题等；另一方面，从人才培养角度来说，技术实现产业化转变是在市场中进行的，所以应当根据市场需求和技术条件培养人才，提高人才的专业化水平，进而缓解产业对高质量人才需求的压力。对于企业来说，应当加强企业创新人才队伍的建设。首先是培养和引进企业领导型人才，敦促企业建设战略目标，及时纠正企业发展方向的错误，积极建言献策解决管理和决策的问题。其次是加强技术型人才建设，建设专家智囊团、培养颠覆性技术领军人才等，主要解决企业颠覆性技术问题，从而提高产品和服务质量；最后是招募市场营销人才，从专业角度出发判断市场发展状况，减少产品投放风险，根据消费者需求提供优质服务，提高消费者满意度等。

（二）资金要素

资金是持续推进技术研发的重要保障，是实现技术向市场投放的有利基础，增加资金补贴有利于创新主体实现技术产业化的投资、融资效果[10]。为了提高技术产业化投资、融资的效益，可以从四个方面入手。第一，拓宽资金获取渠道。埃尔南德斯（Hernandez）认为，对于中小企业来说，新兴技术产业化依赖于不同类型资金的高度流通，主要包括财政拨款及其他补充性渠道等[11]。第二，提高市场内信息流通水平，实现信息共享。罗托洛（Rotolo）认为信息共享是成功实现新兴技术产业化融资的原因[12]。当市场中的信息完全对称时，投资者可以有效接收到技术的全部信息，帮助其判断出优质项目以助力推进技术成果转化。第三，强化融资担保服务，降低融资风险，减少收益不对称现象。第四，丰富金融产品的配套服务，保证融资的多样性，降低技术产业化融资难度。

资金分为内源性资金和外源性资金以及政策性资金三种类型，其中内源性资金是指企业自身积累的资金，外源性资金主要来源于信贷和资本市场，政策性资金主要指政府等部门根据相关政策投放的公共财政资金[13]。内源性资金基本无法满足技术实现产业化的全部进程,因此企业进行融资大部分都需要借助外源性资金和政策性资金,其中外源性资金对于企业融资的要求比较高,并不适应所有开展颠覆性技术创新的企业,例如借贷资金的利息较高,且颠覆性技术产业化本身就存在较高的风险,对于资金实力并不雄厚的中小型企业来说,倘若颠覆失败,无疑是雪上加霜。而政策性资金相较于其他两种更具担保性,因为这背后有政府和国家相关政策的支撑,有政策引导的资金供给对于企业来说是一种更好的选择。

锁定阶段是个连续性发展的过程,颠覆性技术实现产业化存在阶段性特征,不同的阶段对资金的需求也不相同,根据这一特征,资金配置会呈现出分级供给的现象,同时也会出现一系列的金融机构和中介机构,这些机构能够为技术产业化提供多样化的资金支持和相关的融资辅导服务等。这就要求相关的金融机构推出高质量的金融产品,包括证券、复合型金融产品等,一方面能够满足融资多样性且让资本退出畅通无阻,另一方面能够分散信用风险、缓解企业压力。

根据颠覆性技术产业化的融资需求,可以对政府和企业提出相关的政策性建议。对政府来说,首先应当坚持政府主导,利用好市场监管权力。主要包括促成财政性资金与社会性资金的高度融合。第一,成立颠覆性技术产业化基金,调整产业化融资的担保方式,不断扩大融资渠道以提高颠覆性技术产业化融资的成功率;第二,搭建融资信息平台,通过建设创客孵化器、金融基地、互联网金融等方式,吸引并引导各类资金投放到颠覆性技术产业化的过程中,同时也可推出"互联网+金融产品",进一步拓宽颠覆性技术产业的资金来源;第三,提供扶持政策,政府相关性政策必须能够满足颠覆性技术发展快、变化大的特点,同时鼓励社会资金以投资入股、合资等不同形式为颠覆性技术产业化投资,这可以最大化满足产业化融资的绩效;第四,建设良好的金融市场环境,如构建信用等级评估体系,搭建信息交流平台以提供全面的金融服务信息、企业信用信息、实施政策信息等，以维护产业化融资的信用等级。对于企业来说，第一，拓宽企业融资渠道，与商业银行、保险公司、信贷公司、投资银行等金融机构建立良好的合作关系，提高产品自身融资能力，利用高质量的技术成果吸引投资；第二，推进信息共享模式，加强企业与政府、企业与企业以及企业与金融机构的信息交流，有助于及时了解融资信息，提高技术成果转化的融资效率；第三，注意借贷信用问题，建立和完善企业融资风险评估机制，成立相关部门分析市场上金融产品的风险性，提高企业推进颠覆性技术产业化的风险担保能力，减少企业失信问题等。

三、创新环境分析

技术锁定主要是实现技术成果转化，向技术产业化推进，而产业化活动必须在外部环境中完成，因此本章主要分析影响其创新活动的外部宏观环境，一般宏观环境主要包括政治、经济、文化和科技环境四大类。

（一）政治环境

从各国国内发展来看，大多数政策都是为了扶持相关产业进行颠覆性技术研究所制定的，例如日本于2014年就推出了"ImPACT"计划（或称颠覆性技术创新计划），这是一项综合性科技创新计划，通过实现可持续发展创新系统，从而推动社会转型升级[14]。而我国科技部为了落实新发展理念、推动高质量发展、构成新发展格局、提升重大科技创新方向前瞻布局能力、加快推动颠覆性技术创新，也于2021年就开展颠覆性技术研发方向等问题向社会公众以及企事业单位征集建议，主要围绕"颠覆性技术研究现状""颠覆影响力""主要应用场景与市场规模"等问题展开，这一举动为社会各企业、各单位进行颠覆性技术研发提供了一个良好的政治氛围。除此之外，美国、英国等其他发达国家也都颁布了有关颠覆性技术的一系列政策性文件，不难看出，各国都在致力于营造良好的政治环境，这能够最大限度地解决技术产业化面临的一系列问题，另一方面同时也能激励创新主体进行体制机制改革，从而加快技术成果实现产业化的进程。

从国际竞争视角看，当今世界正经历百年未有之大变局，世界经济政治格局动荡不安，给颠覆性技术产业化带来了诸多挑战。首先，国际竞争愈来愈激烈，世界上的主要经济体都在进行颠覆性技术的研发，部署新兴技术产业化战略，因为谁先获得先机谁就能优先占领市场主导地位。其次，全球产业合作格局发展转变，国际分工体系不断调整，劳动力竞争优势淡出国际市场，这都对本国的技术发展提出了更高的要求，自主创新将逐渐替代技术模仿和技术追随。最后，国际标准不统一，国际治理体系欠缺。对于颠覆性技术一直没有形成统一的认识，以至于各国在面对颠覆性技术产业背后的道德伦理问题时，看法褒贬不一，这成为阻碍颠覆性技术产业化的重要影响因素之一。

为了实现技术产业化，推动经济高质量发展和社会进步，国家和政府出台相关政策，为颠覆性技术发展营造政治氛围时需要满足以下几点。第一，发挥政务主体的激励作用。如政府制定一系列优惠政策，鼓励企业用技术成果抵税、免税，对业内杰出人才予以奖励，为高新技术企业提供财政拨款等，激励创新主体进行相关知识和技术创新，加快技术向生产力转变形成产业优势，从而帮助和支持技术成果实现产业化。第二，发挥制度的引导作用。其中有一点是颠覆性技术必须满足国家的大发展方向，颠覆性技术最后会应用于社会实践中，相关的制度制定必须与社会发展的总目标以及相关科技战略相一致；另一点是，由于颠覆性技术面临的市场前景存在不确定性，相关制度应当正确引导企业实现技术产业化的目标。第三，发挥政策的协调作用。产业化政策在整个创新生态系统中的协调作用能够良好地促进政府、企业与科研机构三者之间的联系，有效地实现创新要素在创新生态系统中的流通[15]，协调高新产业与传统产业的关系，助力传统产业向新型产业转型等。第四，构建完善的标准体系。技术的成果最终会流向市场，且颠覆性技术有望参与国内外竞争，积极展开国际交流，与国际标准化事业接轨，推动建设高质量、高标准的颠覆性技术产业。

（二）经济环境

经济环境与颠覆性技术产业化紧密相连，科技进步是推进经济高质量发展的重要手段之一，而经济发展又能反作用于颠覆性技术产业化。良好的经济环境能够为技术产业化的持续性发展提供经济基础和条件，而颠覆性技术产业是推动经济高质量发展的必由之路。

提到经济增长与技术创新的关联，首先会想到的就是全要素生产率这一概念，全要素生产率实际上就是生产力，因此全要素生产率的提高与颠覆性技术产业化发展不谋而合。

提高全要素生产率就是促进产业升级和生产力发展，而生产力的发展水平又决定着国民经济的发展状况、社会购买力和经济结构。因此分析经济环境可以根据这三点展开。以我国为例，第一，从经济发展水平上看，2021年，我国国内生产总值达到114.4万亿元，实际增速达到8.1%。第二，从经济结构来看，工业持续增长，制造业占比27.4%，比往年增长了9.8%，其中高新技术制造业增长更为突出，有关信息传输、软件和信息技术、科学研究和技术服务的现代服务业也快速增长。第三，从社会化购买力水平来看，居民消费水平不断提升，受疫情的影响国内需求不断变化，这对产品和服务提出了新的要求，市场需求发生结构性变化。围绕这三点产生的结果，一是较高的经济发展水平能够从整体上为新兴产业提供一个稳固的经济保障，从而加速颠覆性技术的产业化进程。二是产业结构布局不断调整，受创新活力的影响产业的发展更具有韧性，这必然会对颠覆性技术这类高新技术产业化发展产生重要的影响。三是由社会购买力变化引起的市场需求变化，经济发展越快，人们的收入水平提高，社会购买力增大从导致市场需求增大，这对颠覆性技术产业化是十分有利的。

影响全要素生产率的因素主要包括制度、市场化程度以及资源配置优化程度[16]，目前提高全要素生产率的方法主要有以下几点。第一，加快实现产业数字化转型。数字化转型是目前学术界认可的能够提高全要素生产率的最高效方法，工业化的进展离不开生产力的发展，当数字技术与工业联系在一起，会倒逼产业链中的价值链重组，促使产业的效率不断提升，同时也会衍生出新的产业。第二，进行体制创新。体制创新的目的是优化资源配置和提高生产效率，因此要通过全面深化改革，实现劳动、资本等生产要素的价值创造，激发生产要素的活力。通过不断完善市场体制，营造公开透明的市场环境，减少政府经济干预，打破行业垄断和地方保护，促进市场竞争，使企业自发性地对市场变化做出反应和调整，提高企业的竞争意识，刺激企业进行自主创新。第三，提高企业资源要素配置效率。坚持市场在资源配置中起决定性作用，引导资源和生产要素从低效率部门向高效率部门流动，进而推动资源配置实现效益最大化和效率最大化。

（三）文化环境

文化环境主要由人口、社会流动性、消费心理、生活方式以及文化传统构成，相较于其他环境更为复杂，这里面包含着更多有关道德标准以及信念信仰等的评价，在无形之中影响着颠覆性技术产业化。

就人口而言，颠覆性技术进行开发需要与消费群体紧密相连，由性别、教育背景、年龄、收入水平以及婚姻状况等因素导致的消费群体的差异性会给颠覆性技术产业化带来不同程度的影响；就社会流动性而言，往往是指资本、资源、机会等社会财富在社会群体中的流动程度，一般来说，一、二线城市的流动性更高，这给颠覆性技术实现产业化提供了更多的机遇，同时也带来了更多的竞争和风险；就消费心理而言，则包括求实心理、从众心理等多种心理需求，颠覆性技术如果能刺激消费者心理，引起他们的购买欲望，就意味着颠覆性技术实现产业化存在一定的可能性；就文化传统而言，文化一定程度上影响着区域内人们的生活方式、消费观念等，颠覆性技术具有前瞻性，原有的文化可能会在一定程度上阻碍那些并没有与实际生活所融合的颠覆性技术产业化的发展，但是开放程度高的文化环境对颠覆性技术的认可度也越高，其产业化的成功率就有一定的保证。

因此，颠覆性技术产业化一定会受社会文化的制约，这就要求企业和政府作出正确的选择，为颠覆性技术产业化选择具有良好社会文化环境的区域。例如可以选择较为发达的一、二线城市的高新产业园区，首先因为园区内有大批人才以及先进的基础设施，能够为颠覆性技术的发展提供便利的条件，且一、二线城市受良好教育的年轻人更多，城市活力相对较高，对颠覆性技术的接受程度更高，能够为产业化提供一定的市场；或者选择交通便利的沿海开放城市等，这些地区的国际合作交流相对于内陆地区来说更为频繁，为技术外溢提供了大量便利的条件。技术外溢指的是利用国际贸易、外商投资等带动东道国企业或者产业的发展，包括产品技术、管理技术、营销技术的提升，一方面东道国企业可以学习到国外先进的技术；另一方面也加剧了全球竞争，跨国公司迫于这种竞争也会持续进行创新，继而又增强了技术外溢的效益，这些都能够加速颠覆性技术产业配套和规模的形成。

（四）科技环境

颠覆性技术产业化需要战略性的部署，浓郁的科研氛围有助于不断提高科技创新，吸引大批的科研型人才进行研发，这种良好的科技环境能够带来很多前瞻性理论研究和应用研究，促使传统产业向基础型创新、引领性创新转型，加快推动关键共性、前沿引领以及颠覆性技术集群的创新突破[17]。科技环境从根本上直接影响了颠覆性技术产业化的进程。营造良好的科技创新生态环境，就是要把社会各方面的认识凝聚起来，形成合力，建立科技创新价值共同体。

首先，良好的科研环境能带来技术进步和技术领先。以美国为例，美国作为当今世界科技强国有着常态化的研究机制[18]，主要通过专门的研究机构发展国内的颠覆性技术，例如，美国国防高级研究计划局是一家专门对颠覆性技术进行研究和收集的机构，美国国家研究理事会又下设了国防情报局技术预测和审查委员会、未来颠覆性技术预测委员会等，这些专门化的机构形成了一个庞大的创新体系，能为颠覆性技术创新的发展提供最前沿的预测和探索，帮助美国长期保持技术领先的地位，成功占领了战略制高点，从而促使美国率先实现颠覆性技术的产业升级。

其次，构建良好的"产学研"技术合作体系能够全面推动技术与产业的结合。英国就在不断完善"产学研"技术合作体系，其涉及的颠覆性技术领域非常广泛，包括大数据、高能效计算、航空航天、农业科技、生物医学等多方面，并且"产学研"技术合作体系能真正将创新主体联系起来，在这个体系内，科研院所、技术战略委员会加强交流、多方探索，从发展需求出发，预测和筛选所需发展的颠覆性技术，政府、金融机构等部门对其予以资金支持，高校、企业与产业部门加强联系，为颠覆技术的发展提供人才，满足先进技术发展所需的各类创新资源，将技术真正应用到产业当中去，加快产业的升级转型。

再次，推进科技管理的建设能够起到规范作用。科技管理能够对技术成果转化、产需有序结合起到促进作用，在科研规划上，通过前期探索收集到的颠覆性技术的相关信息，提前部署颠覆性技术的组织工作，定期组织突破性、高风险的项目研究，阶段性地根据发展状况投入资金，同时不断对颠覆性技术的应用潜力进行评估预测，对具有不同预期程度的技术制定不同的发展规划，如对前景不乐观的技术，一是进行优化，根据实际情况对项目予以支持；二是暂停推广，以及时减少颠覆失败的亏损。在项目管理上，成立颠覆性技术研发委员会等部门，召集来自政府、企业以及科研院所的具有管理能力的人才，对试图产业化的项目进行风险评估，并为其提供技术发展的政策性建议。

最后，加强国际科研交流能够给产业发展带来新路径。科技发展相对落后的国家可以通过引进、模仿、消化吸收、再创新等多种方式实现产业化的升级转型。就目前国际科研大环境而言，不少国家都在致力于颠覆性技术的研究，有的国家已经实现技术领先和产业化升级，相对落后的国家可以从中借鉴经验。例如，我国在前期就是通过模仿创新实现新兴技术的产业化，在生物医学产业中有很多仿制药的案例。这能够保证快速跟上发达国家的步伐，提高国内技术水平，缩小与科技强国之间的技术差距。

本章参考文献

[1] 黄少卿，谢一鸣. 上海交大｜中国促进颠覆性技术创新亟需构建新型产业政策体系［EB/OL］.（2022-04-11）［2022-06-01］. https://www. Thepaper. cn/newsDetail_forward_17483167.

[2] 伍湘. 政府在高新技术产业化中的作用［J］. 企业技术开发，2009，28（01）：65-67.

[3] 赵通，任保平. 高质量发展中我国经济协调发展路径分析［J］. 黑龙江社会科学，2019（01）：11-18.

[4] 克里斯坦森. 创新者的窘境［M］. 胡建桥译. 北京：中信出版社，2010.

[5] 赵艳华，高婧纯. 天津颠覆性技术培育路径分析［J］. 中国高新科技，2018（19）：58-60.

[6] 任凯，赵黎明，陈小峰. 面向终端市场的OEM客户关系新模式研究［J］. 西安电子科技大学学报（社会科学版），2008（05）：13-18.

[7] 卢立珏. 地方高校科研转型的路径与策略［D］. 武汉：华中科技大学，2018.

[8] 周朝霞. 我国战略性新兴产业品牌形象培育机制［J］. 学术交流，2020（03）：108-116.

[9] 仇屹珏. 论新时期人才对产业发展的重要性［J］. 中国商贸，2014（23）：201-202.

[10] 郑世林，刘和旺. 中国政府推动高技术产业化投资效果的实证研究［J］. 数量经济技术经济研究，2013（07）：66-80.

[11] Hernández-Cánovas G, Martínez-Solano P. Relationship lending and SME financing in the continental European bank-based system［J］. Small Business Economics, 2010, 34（04）：465-482.

[12] ROTOLO D, HICKS D, MARTIN B R. What is an emerging technology?［J］. Research Policy, 2015, 44（10）：1827-1843.

[13] 孙伟. 基于DEMATEL方法的新兴技术产业化融资影响因素实证研究［J］. 科技进步与对策，2020，37（21）：64-71.

[14] 袁珩. 俄罗斯先期研究基金会的运行管理机制探究［J］. 全球科技经济瞭望，2018，33（07）：42-46+76.

[15] 徐君，任腾飞，戈兴成，等. 资源型城市创新生态系统的驱动效应分析［J］. 科技管理研究，2020，40（10）：26-35.

[16] 林春. 中国政策性银行全要素生产率测度及影响因素研究——基于宏观与微观解构［J］. 贵州财经大学学报，2016（02）：17-25.

[17] 张振翼，张立艺，武玙璠. 我国战略性新兴产业发展环境变化及策略研究［J］. 中国工程科学，2020，22（02）：15-21.

[18] 国防大学国防经济研究中心. 第三次工业革命中的世界军民融合［J］. 中国军转民，2015（03）：10-16.

第七章

颠覆性技术创新生态路径演化——以智能交通为例

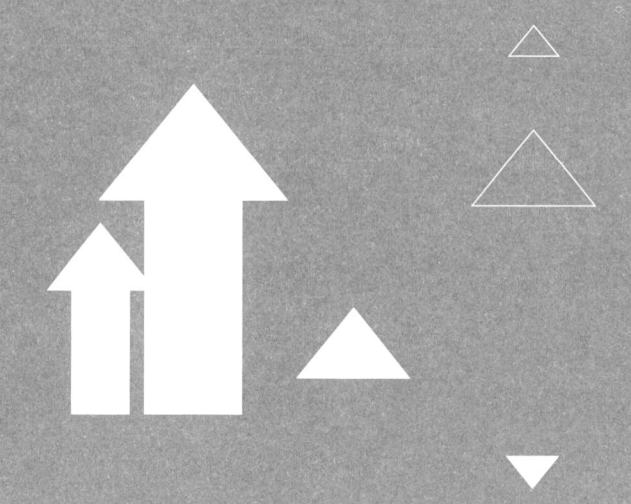

一、我国智能交通的发展阶段

我国智能交通的发展起源于20世纪90年代。国际上发展智能交通的思潮受到我国交通运输界的重视，随后国内科学家和工程技术人员逐步开展智能交通方面的理论、技术研究与工程试验。经过将近30年的发展，我国国家智能交通研究创新基础基本形成，高校、科研院所、企业群体构成了我国智能交通的创新体系，科技创新能力显著增强。同时，建设了一系列具有国际广泛影响力的示范工程，如北京智能化交通管理系统、交通综合监测系统，上海虹桥综合交通枢纽中心等智能化管理水平已接近甚至达到先进国家的水平。综合来看，科技创新推动我国智能交通系统的建设和发展实现了从全面跟踪向跟跑、并跑并存的历史性转变。现在国际上普遍认为中国是继美国、日本、欧洲之后的第四个智能交通发展热点地区。

本节结合智能交通专利、论文与产业在我国的发展实践，把智能交通在我国的发展历程划分为启动、快速发展、产业融合三个阶段。

（一）启动阶段（1980—2002年）

这一阶段的主要特点是：基础科学突破和理论引进，产业开始形成。

20世纪80年代以来，材料合成与制备的发展直接推动了磁性材料、高分子材料等新型材料不断涌现，进而推动了智能交通系统的车辆电池电缆、集成电路、精密零部件、通信传感设施等的产生和发展。材料合成与加工制备直接关联着智能交通的基础设施，所以，该技术的突破与产业化为智能交通的发展创造了条件。

20世纪90年代以来，我国学者开始发表学术文章介绍智能交通的理念、关键技术以及国际智能交通发展进展、趋势和中国发展智能交通的时代背景及其必要性、发展思路及其框架等，为我国发展智能交通奠定了理论基础。同时，政府开始通过一系列国家、地方和行业计划的立项与实施，研究体系逐步形成，应用研发成果显著，并逐步形成了相关领域的研究基地，为我国智能交通系统科技发展奠定了基础。自此，智能交通开始了技术突破，开始出现专利申请，论文发表逐步增加，逐步构建了中国智能交通体系框架和标准体系，初步形成了智能交通的理念和基本认识。从科学和技术发展来看，智能交通的产生也有其自身规律。

第一，材料科学的技术突破是控制、导航与信息通信的基石。一个复杂的系统内部往往涉及物质（材料）、信息与能源三个主体间的相互作用。智能交通系统更是印证了这一点，材料合成与制备的研究集中于1985到2000年，直接推动了磁性材料、高分子材料等新型材料的发展，进而研制出可以量产且成本适宜、适用于智能交通系统的车辆电池电缆、集成电路、精密零部件、通信传感设施等，智能交通系统是硬件与软件的强强联合，正是最先发展的材料支撑了新一代的"智能"硬件。有了前期的积累，2000年以后智能交通研究热点得以转移到导航、道路交通控制上，又在近年与信息通信领域融合，进一步提升了智能化水平。近年来，受益于新一代人工智能技术的发展，智能交通的发展进入新的发展阶段，正逐步迈入快速发展期，颠覆性技术蓄势待发。但目前为止，产品以及市场都远远没有发展到成熟的阶段，同样，基础技术和产品的研发尤为关键，新材料研发制备与硬件设备生产制造是亟须解决的问题。从事智能交通研究的科研机构和企业应当专注于基础科学与材料的研发与应用，聚焦未来出行的核心技术进行研发与突破，探索更多突破性技术，打通技术壁垒，在多维度领域深化探索。

第二，国外智能交通理论引进和基础技术研发促进了智能交通行业发展。20世纪90年代以来，在国外智能交通理论提出以后，国外智能交通基础技术取得突破并在实践当中得以应用，我国智能交通逐步引入这一理念并开始进行实践。这一阶段，我国智能交通的理念逐步完善，并开始进行基础技术的研发。我国交通运输界的科学家和工程技术人员开始关注国际上智能交通的发展进展，并逐步开展智能交通方面的理论、技术研究与工程试验。

这一时期智能交通领域的主要事件如下：1994年在法国巴黎召开了智能交通世界大会，部分中国学者也参加了这场盛会，这为智能交通在中国开启蓬勃发展的新纪元奏响了序曲。1996年交通部公路科学研究院（现交通运输部科学研究院）开展了重点项目《智能运输系统发展战略研究》工作，1999年正式出版发行。1997年，中欧智能交通系统国际会议在北京召开，智能交通科技开始为我国社会所关注并受到重视。1999年，交通部公路科学研究院组织邀请全国数百名专家学者，正式全面开展对"九五"国家科技攻关重点项目"中国智能交通系统体系框架研究"的研究工作。该研究课题2001年告成，并通过科技部验收，2003年发行出版了《中国智能运输系统体系框架》专著。2000年，在北京召开了由科技部主办、全国智能交通协调指导小组办公室协办的"第四届亚太地区智能交通年会暨技术产品展览会"。同年，在充分磋商和酝酿的基础上，科技部、国家计委（现国家发展改革委）、经贸委、公安部、交通部（现交通运输部）、铁道部（现中国铁路总公司）、建设部（现住房和城乡建设部）、信息产业部（现工业和信息化部）等相关部委，决定设立全国智能交通系统协调指导小组及办公室，并成立智能交通专家咨询委员会，强化各部门间的政策配套协调，这为我国发展智能交通系统创造了良好的条件和环境。2002年4月，科技部批复实施"十五"国家科技攻关"智能交通系统关键技术开发和示范工程"，上海、北京和天津等十城入选首批智能交通应用示范工程试点城市。2002年9月，中国科技部和交通部（现交通运输部）在北京召开了"第二届北京国际智能交通系统技术研讨暨技术与产品展览会"。

（二）快速发展阶段（2003—2010年）

这一阶段的主要特点是：共性技术和关键技术突破，产业应用加速。

这一阶段，测量勘测导航、模型与演示用具与交通控制系统三项技术逐渐开始在产业领域进行应用，是智能交通的基础与共性技术。其中，卫星导航在智能交通系统的信息感知中发挥着非常重要的作用，对车辆的行驶速度、转速转向、地理定位位置等信息进行实时感知。精准稳定的导航系统是智能交通相关研究者不懈追求的目标。导航系统是涉及环境感知、路径规划的复杂技术，因此和模型与演示用具息息相关，需要将搜集、分析到的数据可视化地展现出来，同时再与交通控制系统融合以准确预测、实时控制，增加系统的智能化水平。对于完善的智能交通系统而言，导航的精准程度与传达数据的速度都很重要，是智能化的重要体现。按照定位与规划路径的主体是由车辆自己实现还是由控制中心实现，一般车辆的导航系统可以分为自主式车辆导航与中心决定式导航，其中都涉及的共性核心技术有人机交互接口、网络无线通信、数字地图匹配与最优路径规划。近年来硬件技术得到了迅猛发展，处理器的运算速度与存储器的存储空间大大提升。这些技术是智能交通的重点技术，也是各国尤其是日本、中国和美国大力投入的领域。各国围绕着共性技术，积极推动发展道路交通控制、路径规划、通信系统、信号传输等技术领域。美国的全球定位系统于20世纪90年代传入中国并迅速在交通行业走向产业应用。

同时，我国智能交通政策开始从共性技术研发到关键技术突破转变。国家通过实施一定的政策，例如试点示范、税收优惠、财政补贴、低息贷款等措施，对智能交通产业优先从政策上给予扶持，对整个行业的发展方向给予指导。受政策鼓励的细分行业由于具有更加良好的发展前景，受到行业从业者的青睐。

这一时期的主要事件如下：2003年11月，在西班牙马德里举办的第十届智能交通世界大会郑重宣布，北京获得"2007年第十四届智能交通世界大会"举办权。科技部联合交通部（现交通运输部）、建设部（现住房和城乡建设部）、公安部和北京市政府联合成功申办"2007年第十四届智能交通世界大会"，极大地促进了中国和世界智能交通领域的交流与合作，标志着中国的智能交通系统建设在更加开放、竞争与合作并存的环境中加速发展。2005年，"现代中心城市交通运输与管理关键技术研究"等国家科技攻关计划项目在广州、上海和北京等城市率先落地。作为示范建设工程，这些项目以城市内部、城间道路运输为主要实施对象，以智能化交通指挥、调度与管理系统，智能公交调度，综合交通信息平台为主要内容，在推动实现城市交通运输与管理智能化方面取得初步成效。2007年10月，第十四届智能交通世界大会在北京展览馆开幕。大会展示了多年来中国各部门、各地区在智能交通领域的发展情况和在智能交通领域的最新研究成果和工程应用，加强了中国和世界在交通政策和交通发展趋势的交流合作。

"十一五"时期，国家高技术研究发展计划（"863计划"）增设"现代交通技术领域"，以提高智能交通系统技术的原始性创新能力和获取自主知识产权为目标，有针对性地部署了一大批前瞻项目，探索突破产品和系统的关键核心技术，实现重点目标的技术集成。

（三）产业融合阶段（2011年至今）

这一阶段的主要特点是：技术呈现融合态势，产业领域不断拓展。

2011年以来，随着新一代信息技术、大数据、人工智能的不断发展，我国智能交通技术呈现融合发展的特点，产业领域不断拓展。我国多次举办国际智能交通会议，国际学术会议在中国的成功召开成为我国与其他国家或地区合作的加速器，进一步促进了我国与世界在智能交通系统领域的交流与合作，增强了我国交通运输科学研究在国际上的发言权和影响力。

"十二五"期间，"863计划"在交通领域瞄准国家智能交通技术发展热点问题，对智能车路协同、区域交通协同联动控制等技术进行了部署。关键技术规模应用和管理的创新，提升了我国智能交通行业的总体水平，培养和形成了我国智能交通专业研究队伍和基地，提升了智能交通产业的核心竞争力和综合优势。同时，智能交通技术开始在产业领域加速应用，随着我国政府不断加大对智能交通的重视程度和扶持力度，智能交通系统的发展有望进一步实现爆发。2020年，智慧交通迈入新的发展阶段。作为数字基建的重要组成部分，交通强国战略的主要发力点，中国智慧交通建设驶入快车道，大数据、互联网、人工智能、区块链、超级计算等新技术在交通行业广泛应用、深度融合，传统交通运输基建领域数字化、智能化改造和升级持续推进，致力于实现人、车、路信息互联互通，促进各种运输方式融合发展，推动运输服务模式创新，从而建成安全、便捷、高效、绿色的现代综合交通运输体系。

从技术发展来看，互联网与联合控制是当下智能交通技术演进的方向。互联网与智能交通领域的深度延展、融合会产生叠加效应，推进交通的网络化与智能化水平，进而推动整个交通发展模式变革及创新。大数据的充分挖掘与应用是智能化的重要体现，以人工智能为代表的通信、传感、存储及车载终端、移动终端技术蓬勃发展，智能交通系统中采集到的数据量呈指数倍增长的同时，信息获取、计算与存储、维护成本大大降低。2016年，国家发展改革委、交通运输部印发了《推进"互联网+"便捷交通，促进智能交通发展的实施方案》，针对推进交通与互联网深度融合、提升交通行业智能化水平的目标提出了总体要求以及各项具体任务，为加强交通行业间各个主体的技术合作协作，促进智能交通科技创新与发展提供了新思路，两者的交叉融合与相互促进成为大势所趋。

2021年中共中央、国务院印发《国家综合立体交通网规划纲要》，提出到2035年"基本实现综合立体交通网基础设施全要素全周期数字化。

基本建成泛在先进的交通信息基础设施,实现北斗时空信息服务、交通运输感知全覆盖。智能列车、智能网联汽车(智能汽车、自动驾驶、车路协同)、智能化通用航空器、智能船舶技术全国一流及邮政快递设施的技术达到世界先进水平"。2022年,交通运输部、科技部联合印发了《交通领域科技创新中长期发展规划纲要(2021—2035年)》(以下简称《纲要》),《纲要》是贯彻习近平主席在第二届联合国全球可持续交通大会上的主旨讲话精神,全面落实《交通强国建设纲要》《国家综合立体交通网规划纲要》部署的相关科技创新任务的一份指导性文件,也是交通运输部首次联合科技部出台的交通运输领域中长期科技创新发展规划。《纲要》明确了未来十五年我国交通运输科技创新工作的指导思想、基本原则和发展目标,并对重点任务作了系统布局,是指导未来十五年我国交通运输科技创新的纲领性文件。《纲要》提出,交通运输科技创新要坚持"目标引领、重点突破、协同融合、自主开放"的原则,明确2025年、2030年、2035年的"三阶段"目标,提出到2035年,交通运输科技创新水平总体迈入世界前列,基础研究和原始创新能力全面增强,关键核心技术自主可控,前沿技术与交通运输全面融合,基本建成适应交通强国需要的科技创新体系的目标。

  2012年,我国北斗卫星导航系统开始正式向中国及部分亚太地区提供服务,虽然目前的北斗技术和产品还不能完全满足智能交通领域复杂多元的需求,但随着技术与数据的积累,北斗产品精准性与可靠性将会有巨大的提升,制造和应用成本会大幅减少,相信北斗导航在智能交通中的全面应用近在眼前。2016年以来,随着我国进入"创新引领"阶段,智能交通也需要通过跨界融合、系统重构、商业模式服务创新、智能物流、智能驾驶和智慧城市建设来引领智能交通的技术创新和产业转型升级。随着我国对智能交通系统建设的需求日益增长,新型智能交通应用发展迎来契机,如高速公路电子收费(ETC)、路径识别、城市智能停车位、安全驾驶等逐步开始实施。

从产业发展来看，我国智能交通产业从无到有，产业规模不断扩大，形成了系统集成、专业解决方案提供、专业咨询设计服务以及增值服务等四大类专业形态，涉及公路、铁路、水运、民航、公安交管和城市交通等众多领域，能够生产比较成熟的批量化、系列化的产品和设备，也建成了很多实际应用系统。从产业规模来看，根据前瞻产业研究院的数据显示，2011—2020年，我国智能交通市场总规模由420亿元增长至1658亿元，呈明显上升趋势，年化增长率接近20%。在政策支持、技术进步、城市化进程和机动车保有量持续攀升等多重因素推动下，智能交通需求快速增长的趋势已不可逆转，我国智能交通行业规模将稳步上升。综合政策规划和交通运输行业细分市场的发展状况，预计到2026年我国智能交通行业市场规模将突破4000亿元，年均复合增长率在16%左右[1]。

在交通强国战略的指导下，智能交通系统通过对传统交通系统数据化、数字化、智能化、信息化改造，在提高交通运输效率、缓解交通拥塞、减少环境污染、确保交通安全等方面扮演着重要角色。近年来，国家建设"智慧城市""绿色城市"和"平安城市"的倡议，对交通运输领域提出更高的要求，智能交通系统在发展环境保障、基础设施建设和政策支持力度等方面获得了前所未有的重视。政策的春风极大拓展了智能交通产业的蓬勃发展空间，为智能交通在我国逐渐得到普及并趋于成熟奠定坚实基础。当前我国经济进入新发展阶段，新一轮科技革命和产业变革深入推进，智能交通系统发展迎来重要窗口期，我国智能交通系统将与整个交通运输产业链和价值链深度融合，在相关产业得到更为广泛的应用，极大拓展经济应用场景，成为经济新增长点，推动经济高质量发展。

二、智能交通创新生态演化规律

从生态系统的角度审视智能交通的发展过程，技术创新的演变过程主要体现在创新主体、创新要素、创新环境、创新机制等的演化特点和规律上。

（一）创新主体演化分析

本部分从专利申请和论文发表看创新主体的变化。

1. 国内专利申请分析

通过专利之星检索系统，按照关键词检索，可以得出我国智能交通专利申请从1990年开始，一直到2022年4月13日，共计10661项（见图7-1）。按照专利类型来看，其中发明专利6802项，占总量的63.80%；实用新型专利3361项，占比为31.53%；外观设计专利498项，占比4.67%（见图7-2）。按照专利申请主体来看，申请专利数量排名前30位的申请主体当中，企业有24家，企业申请专利2571项，高校有6家，申请专利数量为233项。可见，综合来看，企业是我国智能交通专利申请的主体。

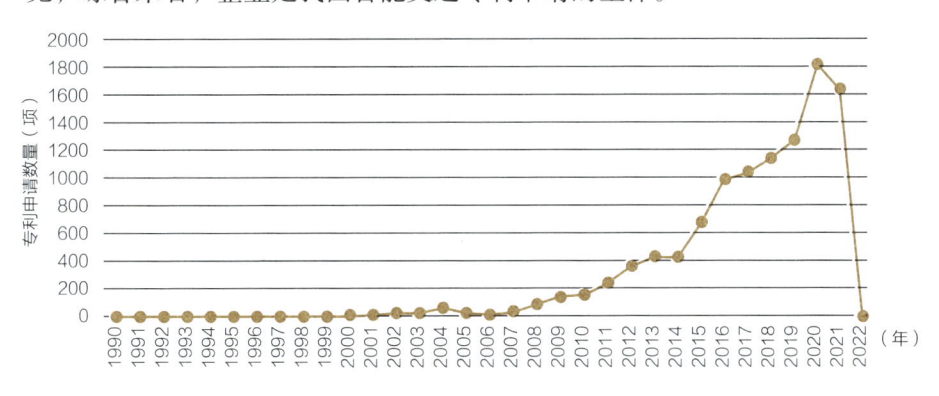

图7-1 1990—2022年中国智能交通专利申请量

从申请人主体看，24家企业中北京百度网讯科技有限公司申请专利最多，高达710件，第二名是惠州市德赛西威智能交通技术研究院有限公司，为216件，第三名是阿波罗智联（北京）科技有限公司，为183件。在6家高校中，长安大学、北京航空航天大学、重庆邮电大学排在前3位（见图7-3）。从我国专利分布的地域来看，排名前5的分别是北京、江苏、广东、上海和四川，说明这些地区的智能交通企业比较发达（见图7-4）。

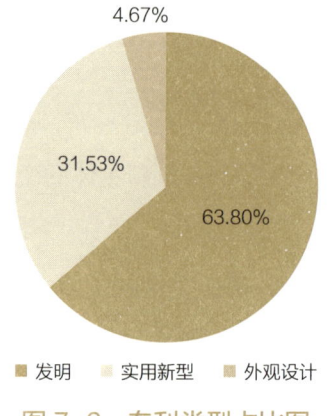

图 7-2 专利类型占比图

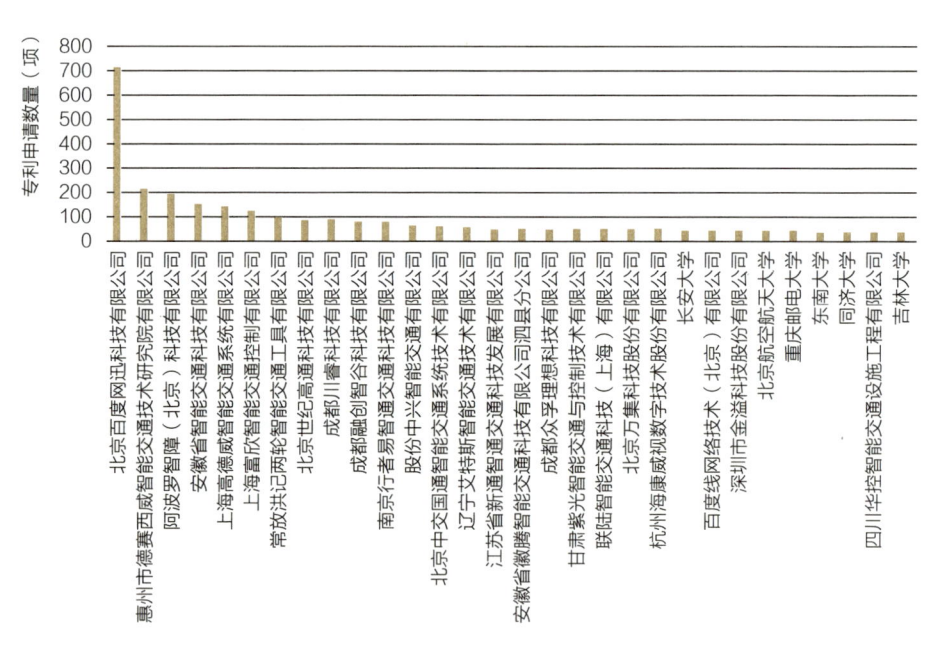

图 7-3 智能交通领域专利申请数量前 30 位申请主体

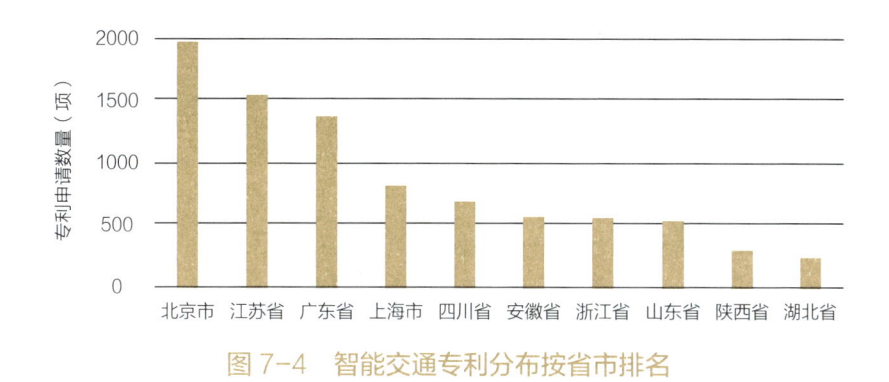

图 7-4 智能交通专利分布按省市排名

从我国智能交通专利申请数量随时间的变化来看，可以分为四个阶段：

（1）专利申请初始阶段（1990—2002年）：专利申请以个人申请为主体，专利申请比较分散

从1990年青岛海洋大学申请第一个智能交通实用新型专利"智能交通信号控制仪"开始，仅有国营烟台无线电四厂在1991年申请了发明专利"无缆智能交通信号数显机"，此后直到2000年，智能交通专利申请才又开始出现。这一阶段，智能交通专利申请数量总数为23项。可以看出，这一时期，我国的智能交通专利申请处于起始阶段，从国际专利申请时间来看，我国比国际上落后30年左右。从专利申请内容来看，这一时期的专利主要集中在智能交通的信号处理、控制系统、信息网络、射频技术等领域。

从专利申请主体来看，在早期专利申请阶段，专利申请主体主要以个人申请为主，占比超过50%（见表7-1）。这些人大多数自己创办智能交通企业，以个人的名义申请智能交通领域的专利，他们是早期专利市场的主导者，引领了整个智能交通领域的创新。随后，大学和科研院所开始涉足智能交通领域，上海交通大学有2项专利申请。

可以看出，早期的申请者主要为相关领域的从业人员和科技型小企业，由于他们熟悉该领域，能够比较早地把握市场前沿，并开始申请智能交通领域的专利。

表 7-1　早期阶段智能交通专利申请人占比

申请主体	数量	占比
个人	13	56.5%
大学和科研院所	6	26.1%
企业	4	17.4%

（2）专利申请快速增长阶段（2003—2010年）：高校和企业成为专利申请主体，专利申请开始集中

从2001年开始，随着国家更加重视智能交通技术，并开始进行基础研发投入，我国智能交通专利申请数量开始进入快速增长阶段。这一时期，智能交通的专利申请数量为403项。从申请内容来看，这一时期的专利主要集中在智能交通检测系统、车辆收费系统、智能交通控制系统等领域。可以看出，这一时期智能交通专利已经开始在应用领域进行大规模申请。

从专利申请主体来看，这一时期的申请者主要为企业和大学，在专利申请数量前30位的申请者当中，高校占据15位，企业占据13位，个人占据2位。高校已经成为申请主体（见图7-5）。

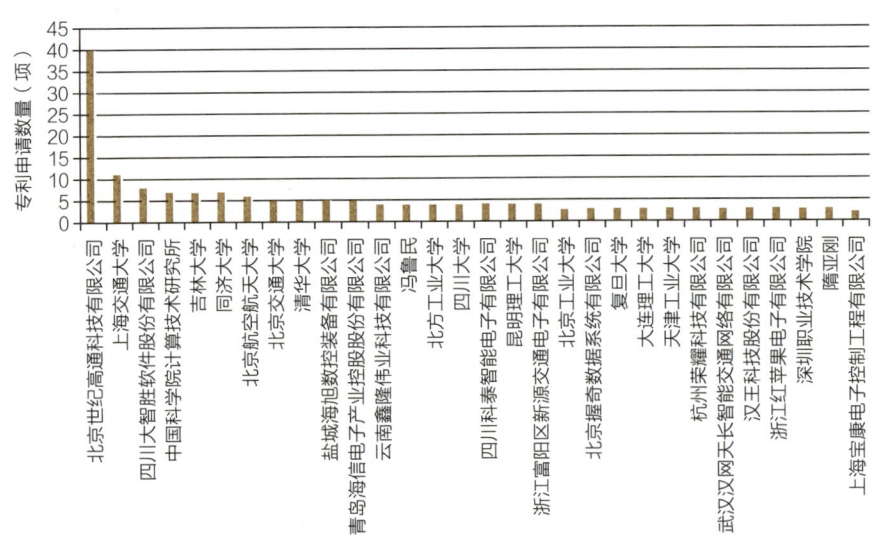

图 7-5　智能交通专利快速增长阶段前30位申请主体

这一时期，从专利数量上来看，专利申请数量排名前30的申请者申请总量为169项，其中企业申请数量87项，占比为51.5%，北京世纪高通科技有限公司申请专利数量40项，将近占企业总数的一半。高校和科研院所专利申请数量为75项，占比为44.4%，其中上海交通大学占高校专利申请总量的四分之一。这一阶段，个人申请数量开始下降，仅有7项，占比仅为4.1%。说明这一时期，企业和高校开始在专利领域进行布局（见表7-2）。

表 7-2　智能交通专利快速增长阶段前 30 位申请人占比

申请主体	专利数量	占比
企业	87	51.5%
大学和科研院所	75	44.4%
个人	7	4.1%

这一时期，随着国内市场不断成熟，国外公司开始在我国进行专利布局。在403项专利中，德国有4项专利，韩国有2项专利，美国有1项专利。

（3）专利申请起飞阶段（2011—2016年）：企业成为专利申请主体，专利申请非常集中

2011年以来，智能交通开始在各个产业领域爆发，随着产业领域不断拓展，我国智能交通专利申请数量开始进入快速增长阶段，到2016年，我国智能交通的专利申请数量为2587项。从申请内容来看，这一时期的专利主要集中在道路收费系统、交通信号控制、交通可变指示装置等领域。可以看出，这一时期，我国在智能交通各个子领域出现了大规模的专利申请，产业开始进入爆发阶段。

从专利申请主体来看，这一时期的申请者主要为企业，在专利申请数量前30位的申请主体当中，企业占据22位，高校占据8位（见图7-6）。可见，在产业爆发阶段，企业已经成为专利发明的主体。

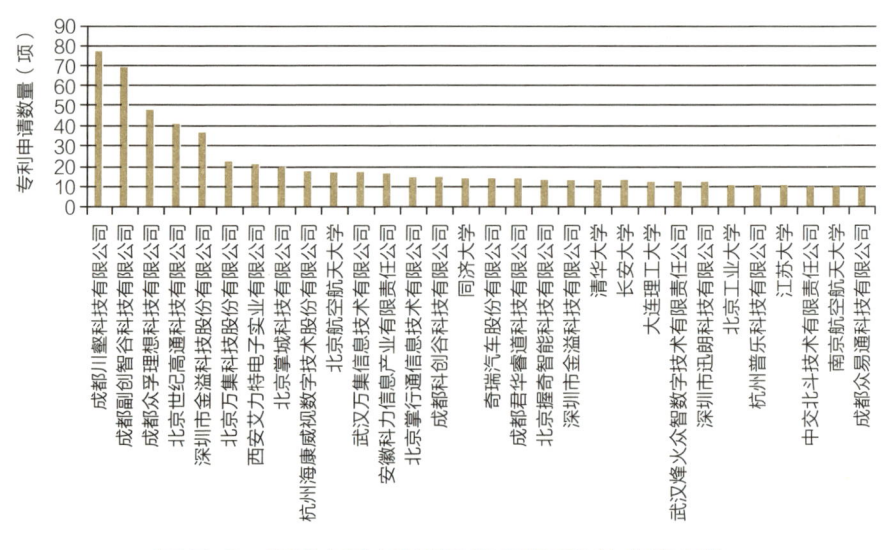

图 7-6　智能交通专利起飞阶段前 30 位申请主体

这一时期，从专利数量上来看，专利申请数量排名前30的申请者申请总量为630项，其中企业申请数量为529项，占比为84.0%。成都川睿科技有限公司、成都融创智谷科技有限公司、成都众孚理想科技有限公司排名前三位，占比超过企业申请总数的三分之一。高校专利申请数量为101项，占比为16.0%，其中北京航空航天大学申请数量排在高校第一位。可见，这一时期，随着智能交通各个产业领域发展进入爆发期，企业成为这一时期的专利申请主体。

（4）专利平稳增长阶段（2017年至今）：企业仍是主要专利申请人

2017年以来，智能交通产业发展相对成熟，我国智能交通专利申请数量进入平稳增长阶段，2020年，我国智能交通的专利申请数量为1833项，2017—2021年年均申请专利1385件。从申请内容来看，这一时期的专利主要集中在交通控制系统、交通信号控制系统、车辆识别系统等领域。可以看出，这一时期，我国智能交通的各个子领域发展逐渐成熟，产业开始进入稳定阶段，智能交通已经和大数据、物联网、人工智能等新兴技术开始融合。

从专利申请主体来看，个别企业在近几年申请量爆发，北京百度网讯科技有限公司在2018—2021年达到700多项，成为申请专利最多的主体，其次是惠州市德赛西威智能交通技术研究院有限公司，2018—2021年申请专利216项，阿波罗智联（北京）科技有限公司在同时期申请专利183项。

在不同阶段专利申请主体演化顺序为"个人—高校和企业—企业"，说明企业的创新主体地位在逐步加强，企业的作用越来越大。

2. 国内论文数量变化

通过中国知网主题词检索，可以看出，智能交通领域的论文数量呈现大幅增长趋势（见图7-7）。截至2022年4月13日，发表论文总数为25483篇，发表数量最多的一年为2018年，共发表1795篇。从发文机构来看，高校是论文发表的主力军，其中，北京交通大学、长安大学、北京邮电大学位居高校发文数量前三位（见图7-8）。可以看出，在智能交通的知识创造阶段，高校一直处在主体地位。

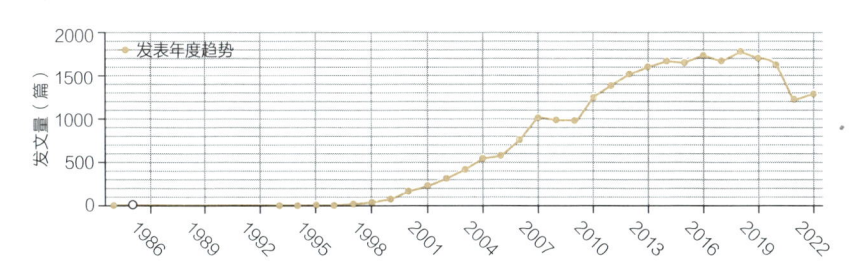

图 7-7　智能交通系统发表论文数量

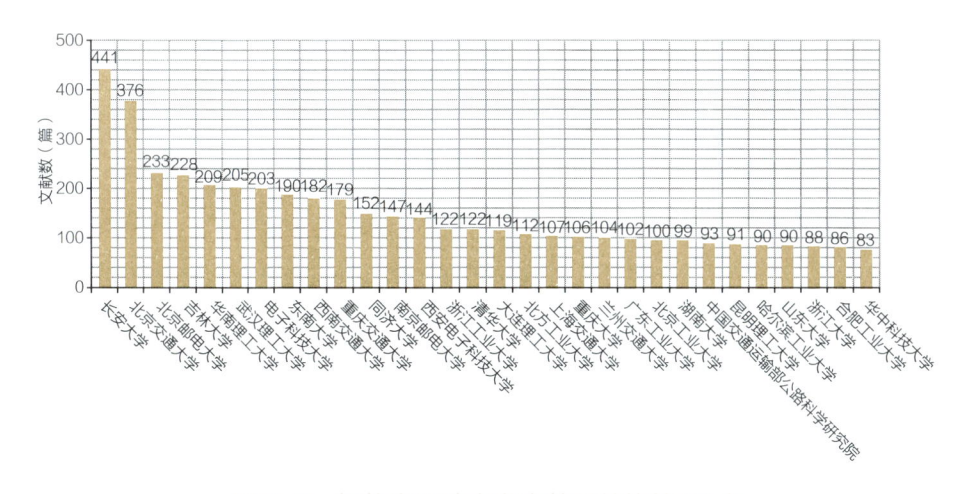

图 7-8　智能交通论文发表数量单位前 30 名

综合来看，智能交通论文发表可以分为三个阶段：

（1）论文发表初始阶段（1984—2002年）：自由探索阶段，以高校和交通机构的从业者为主

从1984年第一篇文献发表以来，到2002年，论文发表数量共计909篇。这一时期，论文研究处于自由探索阶段，主要集中于交通系统的智能控制、交通信号控制、车辆智能系统、智能交通技术等领域，这一时期的论文发表者大多数为高校和交通机构的从业者，他们结合国外交通技术的发展，对我国交通领域最先开展智能交通系统的研究。其中，北京交通大学、清华大学、同济大学位居智能交通领域论文发表数量单位前三位（见图7-9）。

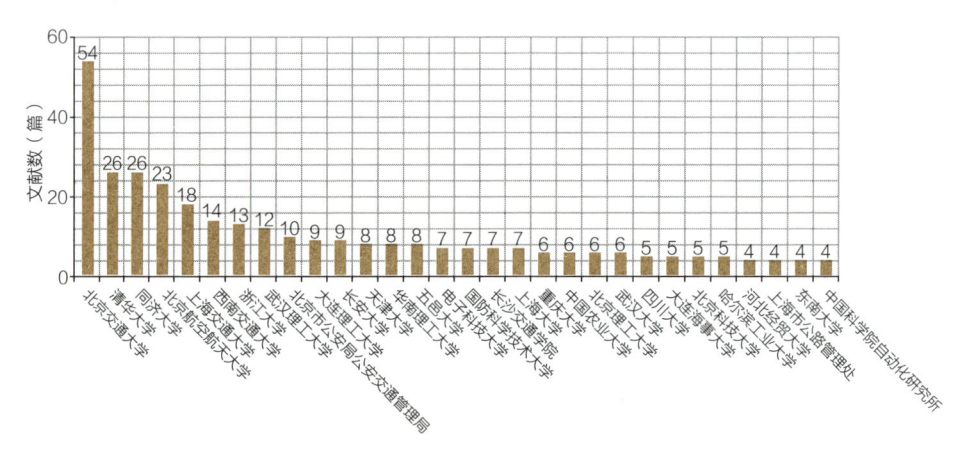

图7-9　1984—2002年智能交通论文发表数量单位前30名

（2）论文快速增长阶段（2003—2010年）：基础研发支持阶段，论文发表以高校为主

从2003年开始，论文发表进入快速增长阶段，2009年，随着金融危机的爆发，我国论文发表数量比2008年略有下降。总体来看，这一时期论文发表数量共计6616篇，年均发表论文约为827篇，研究主题主要集中于智能交通系统、交通运输系统、电子收费系统、全球定位系统、地理信息系

统等领域。这一阶段，论文的主要发表机构变成了智能交通领域的研究机构，主要以高校为主（见图7-10）。结合政策来看，"十一五"之后，我国开始重视智能交通的发展，开始在智能交通的基础科学领域和关键技术领域进行研发支持，因此造成了论文数量的快速增长。

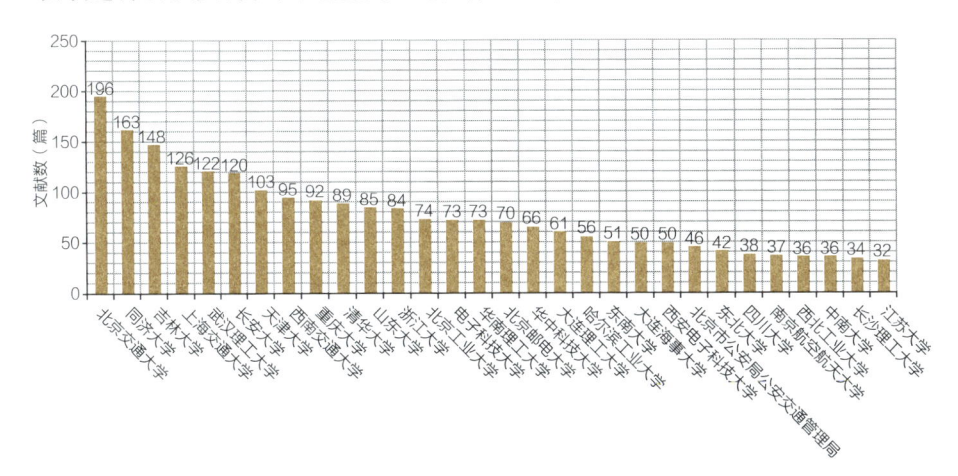

图 7-10　2003—2010 年智能交通论文发表数量单位前 30 名

（3）论文稳步增长阶段（2011年至今）：产业领域爆发阶段，以高校为主

2011年以后，我国论文数量开始呈现稳步增长态势。到2022年4月，这一阶段的论文总数为17991篇，年均发表论文约为1636篇，研究主题涉及智能交通、智能交通系统、像素点、物联网、交叉口、全球定位系统、字符分割、交通拥堵、深度学习、电子标签、分类器、交通流、神经网络、车辆检测、字符识别、云计算、智慧交通、物联网技术、人工智能、智能交通技术等内容。这一时期，我国智能交通的各个产业开始爆发，各个应用领域的研究论文开始迅速增长。这一时期，论文的发表还是以高校为主（见图7-11）。

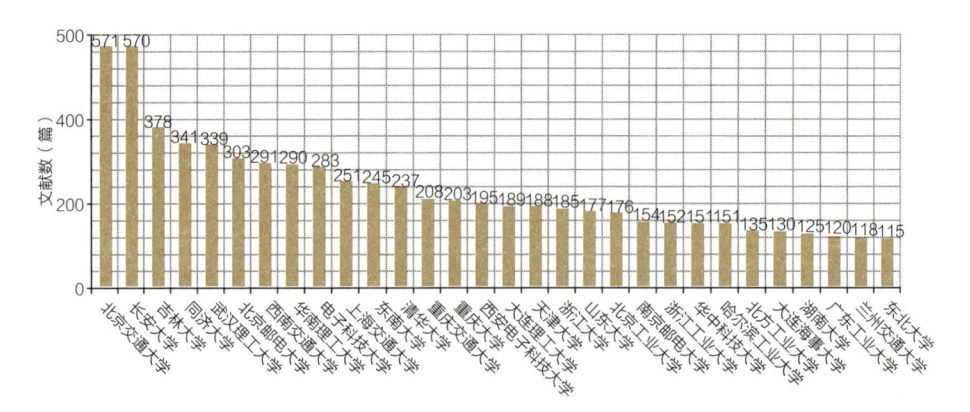

图7-11 2011年至今智能交通论文发表数量单位前30名

从论文的发表主体看，始终以高校为主，说明智能交通的知识创造以高校为主。

（二）创新要素分析

智能交通领域的创新要素是指智能交通不同时期的技术创新所需要的各种资源投入，包括人力、物力、财力各方面的投入要素。目前，智能交通领域的技术创新与所拥有的资源密切相关，能为领域带来长期的技术创新。

1. 政府研发支持

从智能交通在我国的技术发展历程来看，大致经历了从引进技术到原发性技术创新的转变。自20世纪90年代以来，上海、北京、深圳等一线城市先通过引进国外先进技术，再经过对国外先进技术的吸收消化后，进而开展本土创新。"十五"期间，国家开始进行科技攻关计划，并着力于智能交通系统关键技术开发和示范工程建设。"十一五"期间，国家开始加大智能交通产业技术领域的投资。总体来看，从"十五"到"十三五"期间，国家投入智能交通系统的资金逐步加大，促进了关键技术研发和产业快速发展。同时，国内智能交通企业规模也逐渐发展壮大，大量资金被投入智能交通技术和产品的研发生产中。这些都为智能交通的发展创造了有利的条件，具体如下：

1999年年末，在国家"九五"计划即将顺利完成时，我国将"国家智能交通系统体系框架研究"增列为"九五"国家重点攻关课题、将"智能交通系统标准体系及关键技术"增列为"九五"科技部重点课题，由国家智能交通系统工程技术研究中心负责，以推进国家智能交通系统发展的进程。

"十五"期间，国家开始筹划布局智能交通领域的发展，成立了全国智能交通系统发展协调指导小组，开始在智能交通基础领域和关键技术上进行研发支持，2002年，科技部启动了国家"十五"科技攻关重大项目"智能交通系统关键技术开发和示范工程"，推动中国智能交通的发展，智能交通在关键技术上取得了一些突破，并建立了电子收费系统、交通管理系统等一些示范点。由同济大学、北京交通大学、清华大学、交通运输部公路科学研究院、公安部交通管理科学研究所等科研院所和深圳华强通讯有限公司、中国普天信息产业有限公司、广东新粤交通投资有限公司等企业负责实施。

"十一五"期间，智能交通行业的发展朝着更加理性、更加实际、更加本土化的方向发展，智能交通系统建设全面展开。我国各大城市全面掀起了智能交通系统研究、开发、应用和建设的热潮，极大地促进了智能交通行业迅速发展。2006年，我国实施了以提供人性化交通运输服务、发展交通系统智能化技术和安全高速的交通运输技术为重点的国家科技支撑计划——"国家综合智能交通技术集成应用示范"重大项目。其中，项目国拨经费达1.8亿元，由广州交通信息化建设投资运营有限公司、北京市交通信息中心、交通运输部公路科学研究院等单位负责实施。

"十二五"期间，国家提出"适度超前"的原则，在完善国家公路网、加快城市干线建设、制定城市轨道交通技术路线的同时，对智能车路协同、区域交通协同联动控制等一些热点先进技术进行了部署。2014年，国家启动了"十二五"国家科技支撑计划"中等城市道路交通智能联网联控技术集成及示范"和"道路交通安全智能化管控关键技术与集成示范"，项目由公安部交通管理科学研究所承担，清华大学、同济大学、东南大学等高校参加。

"十三五"期间，随着技术革新和信息化的推进，智能交通的"智能"内涵终于落实建设。"十三五"规划提出，信息化是实现智慧交通的重要载体和手段，智慧交通是交通运输信息化发展的方向和目标。2016年到2018年连续三年，国家重点研发计划"先进轨道交通"重点专项启动，国拨经费达到18.52亿元，项目由中国中车股份有限公司、北京交控科技股份有限公司等企业和中国铁道科学研究院、北京交通大学等科研院所负责实施。2019年，科技部启动了国家重点研发计划"综合交通运输与智能交通"，项目安排国拨经费1.7亿元，由同济大学、长安大学、交通运输部公路科学研究院、北京交通发展研究院、首都机场集团等科研机构和企业负责具体落实。

纵观整个发展历程，在科技部、国家智能交通协调指导小组的领导下，在各个示范城市的试点实践下以及企业、高校、科研院所的协心戮力下，智能交通在技术研究、实验研究建设、工程建设及应用及社会环境体系建设等方面取得跨越式发展。

2. 智能交通企业研发投入

2001年以来，智能交通在我国体现出巨大的市场应用前景，我国企业开始进军智能交通领域。2020年智能交通概念上市企业市值位于前三的企业是：海康威视、大华股份、千方科技。海康威视和大华股份属于硬件制造商，千方科技属于数据提供商。相比较科研机构而言，我国智能交通企业更注重智慧出行领域的具体技术、解决方案和方案实施，更多地关注应用人工智能、大数据、云计算等新技术解决交通出行、管理方面的问题。

从研发投入上来看，2020年排名前10的企业研发投入达到127亿元，远远高于政府投资研发支出，企业已经成为研发投入主体。综合来看，在综合排名前10的企业中，海康威视以63.79亿元的研发支出排名第一，紧随其后的是大华股份，研发支出为29.98亿元，四维图新以12.29亿元的年研发支出排在第三位。智能交通行业2020年共有三家公司研发支出超过10亿元。从研发投入占营业收入比例来看，在综合排名前10的企业中，四维图新的研发投入占比超过50%，博通集成、大华股份和海康威视研发投入占比超过10%，千方科技超过5%，企业已经成为智能交通领域技术研发的主力军。

在研发人员数量上，海康威视拥有研发人员20597人，多于这项指标排名第二至第五的大华股份、四维图新、千方科技、方正科技的研发人员总数，这四家公司的研发人员数量分别为8998人、2896人、2572人、1697人。其余公司研发人员数量均没有超过千人。在研发人员占比上，拥有最高研发人员数量的海康威视，其研发人员占比高达48.25%；拥有192名研发人员的博通集成研发人员占比达到86.5%，四维图新和大华股份分别是64.1%和52.16%，除此之外，千方科技、佳都科技等也在40%左右（见表7-3）。

表7-3　智能交通行业2020年公司研发支出前10的企业

证券代码	名称	研发支出合计（亿元）	研发投入占营业收入比例（%）	研发人员数量（人）	研发人员占比（%）
002415.SZ	海康威视	63.7865	10.04	20597	48.25
002236.SZ	大华股份	29.9755	11.33	8998	52.16
002405.SZ	四维图新	12.2905	57.23	2896	64.10
002373.SZ	千方科技	8.9897	9.54	2572	40.56
600601.SH	方正科技	3.0680	5.14	1697	23.82
600728.SH	佳都科技	3.0089	7.02	939	38.64
300212.SZ	易华录	2.6898	9.58	690	38.66
300552.SZ	万集科技	1.5353	9.23	508	38.05

续表

证券代码	名称	研发支出合计（亿元）	研发投入占营业收入比例（%）	研发人员数量（人）	研发人员占比（%）
002869.SZ	金溢科技	1.2420	7.94	210	29.09
603068.SH	博通集成	1.2226	15.12	192	86.50

（三）创新环境分析

根据中国产业信息网的数据，2007年我国智能交通系统投资额为247亿元，2014年达到837.69亿元，2018年智能交通投资规模超过1600亿元，年复合增长率约为27%（见图7-12）。我国智能交通行业腾飞的同时，大量资金也被投入智能交通设备和技术的研发、生产和普及，为智能交通的进一步蓬勃发展创造了良好的条件与环境。但是，与发达国家相比，中国智能交通整体发展水平还比较落后。以ETC系统为例，韩国、日本、新加坡、美国等发达国家的普及程度很高。如新加坡的停车场ETC普及率达90%以上，而我国停车场ETC领域才刚刚起步。预计未来我国智能交通市场将持续呈现快速发展的态势。

图7-12 2007—2018年我国智能交通投资规模

数据来源：中国产业信息网。

1. 智能交通政策分析

我国智能交通的快速发展，离不开国家政策的支持，我国自"九五"期间开始制定研究战略，"十一五"期间明确在全国重点地区布局筹划，"十三五"期间正式落实信息化，智能交通行业得到快速增长。2000年以来，政府颁布了多项政策支持智能交通的发展。根据"北大法宝"法律数据库检索来看，与智能交通相关的文件共计509项，根据效力级别来分，其中法律法规有6项，行政法规33项，部门规章最多，共计449项（见图7-13）。

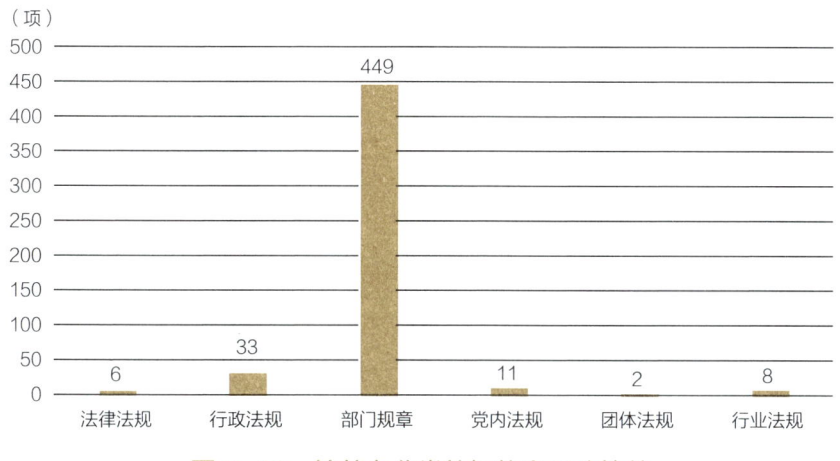

图 7-13 按效力分类的智能交通政策数

我国政府在政策制定、规划管理、协调指导和组织实施等方面精准发力，推动智能交通领域蓬勃发展。2016年5月，交通运输部发布《交通运输信息化"十三五"发展规划》（以下简称《规划》）。《规划》提出，围绕加快"四个交通"建设和"十三五"时期交通运输发展的主要任务，大力推进智慧交通建设，促进现代综合交通运输体系发展。2017年1月，交通运输部发布《推进智慧交通发展行动计划（2017—2020年）》，提出要聚焦基础设施、生产组织、运输服务和决策监管等领域加快智慧交通建设。2018年，我国交通运输部、公安部、工信部都出台了相应的方案规划间接地对我国智能交通发展起到了积极的推动作用。交通运输部围绕"交通强国"建设，规划实施了《平安交通三年攻坚行动方案（2018—2020年）》，深化平安交通建设，充分运用科技和"互联网+安全"手段，提升安全生产和监督管理智能化水平，加大人工智能等方面的资金投入，积极服务于交通强国建设战略实施；公安部为加快推进汽车电子标识的推广和应用工作，印发了《2018年道路交通管理工作要点》；工业和信息化部、公安部和交通运输部为进一步推动我国智能网联汽车的发展，发布了《智能网联汽车道路测试管理规范（试行）》，这代表着我国无人驾驶汽车的发展或将进入一个全新阶段。2021年中共中央、国务院印发《国家综合立体交通网规划纲要》，提出了智能交通发展的具体目标。2022年，交通运输部、科技部联合印发了《交通领域科技创新中长期发展规划纲要（2021—2035年）》，智能交通发展迈上新台阶。

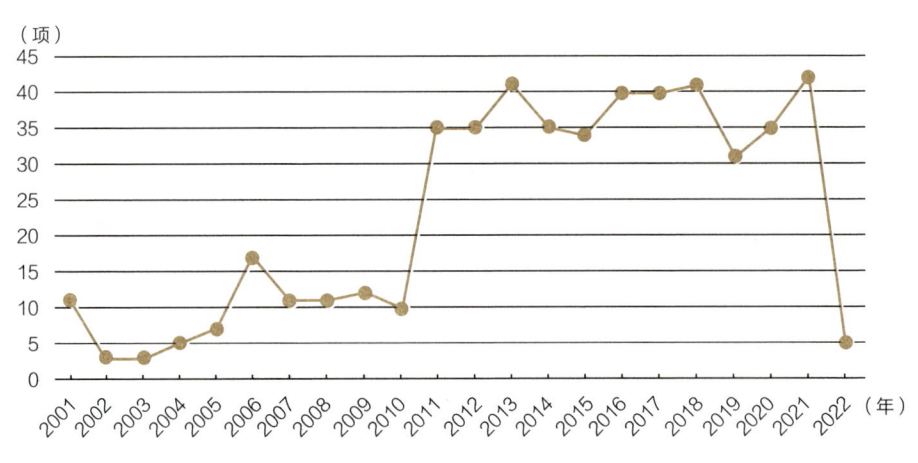

如图7-14所示，按照颁布时间来分，主要政策特点如下：

图 7-14 按时间分类的智能交通政策

（1）启动阶段（1990—2002年）：以基础研发政策为主

在技术形成阶段，政府鼓励开展智能交通基础研究。这一时期的主要表现为国家专项行动计划，"十五"期间国家成立了智能交通研究基地，鼓励智能交通的应用基础研究，开始把智能交通项目列入国家高新技术产业化研究发展计划和国家科技支撑计划，加强了基础研究，并针对智能交通系统技术部署了一批前沿和前瞻性项目，构建了中国智能交通体系框架和标准体系。并通过关键技术规模应用和管理创新，提升了智能交通产业的核心竞争力和综合优势。2000年出台的《国民经济和社会发展第十个五年计划纲要》指出要"以信息化、网络化为基础，加快智能型交通的发展"。

（2）快速发展阶段（2003—2010年）：以支持关键技术研发和技术选择政策为主

在关键技术突破阶段，国家加大技术投资力度。2006年2月，国务院发布的《国家中长期科学和技术发展规划纲要（2006—2020年）》将"交通运输业"列为11个重点领域之一，并将"智能交通管理系统"确定为优先发展主题，提出建立智能交通管理系统。2008年4月，新颁布的《高新技术企业认定管理办法》将"智能交通技术"列为国家重点支持的高新技术领域。

（3）产业融合阶段（2011年至今）：以财税优惠政策和产业规制政策为主

"十二五"期间，国家政策主要通过税收优惠、财政补贴、低息贷款等措施，对智能交通产业优先从政策上给予扶持，对整个行业的发展方向给予指导。受政策鼓励的细分行业具有更加良好的发展前景，自然会受到行业从业者的青睐。同时，工业和信息化部和财政部将继续通过专项资金方式，持续推动物联网产业发展，并明确了智慧物流、智慧交通等六大重点发展方向。近年来，中国智慧城市建设如火如荼，物联网等数字新技术助力打通各行各业信息壁垒，构建跨部门、跨区域的数字信息交互和协同互通机制，具有良好的经济社会效应。在此背景下，大量的资金投入将向物联网等数字技术倾斜，推动技术向精细化、精准化和高效化方向发展，为城市治理、产业变革和经济发展赋能。

2010年以后，特别是"十二五"时期，是我国智能交通政策密集出台的时期。说明我国对智能交通行业极为重视，开始大力发展智能交通行业。2011年，随着《公路水路交通运输节能减排"十二五"规划》和《道路运输业"十二五"发展规划纲要》的出台，我国开始推进智能交通收费系统、交通信息服务系统建设,科技部《国家"十二五"科学和技术发展规划》所列重大专项中的第三项明确要求,加快突破移动互联网、宽带集群系统、新一代无线局域网和物联网等核心技术,推动产业应用,促进运营服务创新和知识产权创造,增强产业核心竞争力。工业和信息化部发布的《物联网"十二五"发展规划》指出,在"十二五"期间,我国将以加快转变经济发展方式为主线,采用包括物联网在内的新一代信息技术改造升级传统产业。2012年,《交通运输行业智能交通发展战略(2012—2020年)》出台,加大对智能交通领域的研发与技术产品的应用。可以看出,随着相关政策的实施和行业标准的逐步完善,我国智能交通领域得到进一步发展。2014年3月,交通运输部发布的《交通运输部关于开展全国高速公路电子不停车收费联网工作的通知》指出,到2015年年底,实现全国的ETC联网,主线收费站ETC覆盖率达到100%。作为公路管理的重要技术创新和系统创新,实施ETC推动公路管理从粗放型向精细化方向转变,很好地体现了公路行业"以人为本,以车为本"的服务理念,可以成为推动"四个交通"(综合交通、智慧交通、绿色交通、平安交通)发展的有效载体。

2015年以后,随着大数据、人工智能等新兴技术的出现,政府也开始出台鼓励智能交通领域技术融合的政策,促进交通产业领域和新兴技术的融合发展,同时,随着智能交通行业领域的拓展,政府也开始出台行业规范政策,明确智能交通准入门槛和竞争规范,保证整个智能交通行业发展和竞争的有序状态,维护行业发展的健康稳定。这一阶段的主要政策如下:2015年,国务院发布《国务院关于积极推进"互联网+"行动的指导意见》,提出"互联网+"与交通融合发展,推进互联网与交通运输领域的深度融合。2016年,交通运输部发布《交通运输科技"十三五"发展规划》,明确提出交通运输系统将贯彻落实五大发展理念,完善交通运输现代化的科技创新体系。2016年,国家发展改革委、交通运输部印发《推进"互联网+"便捷交通 促进智能交通发展的实施方案》,指出要持续推进

"互联网+"便捷交通重点示范项目。2017年，国务院出台《"十三五"现代综合交通运输体系发展规划》，提出培育壮大智能交通产业，大力推动智能交通等新兴前沿领域创新和产业化，鼓励交通运输科技创新和新技术应用，加快建立技术、市场和资本共同推动的智能交通产业发展模式。2019年9月，国家发布了《交通强国建设纲要》，明确提出开发新一代智能交通管理系统，完善综合交通法规体系，推动重点领域法律法规制定修订。

2021年2月，中共中央、国务院印发《国家综合立体交通网规划纲要》，明确指出要提升交通安全智慧绿色发展水平，建立智能先进的交通网络，并提出了2035年的具体发展目标。2021年3月《中华人民共和国国民经济和社会发展第十四个五年规划和2035年远景目标纲要》提出加快交通等传统基础设施数字化改造；加快建设交通强国；加快推动数字产业化，在智能交通等重点领域开展试点示范；建设现代化都市圈。2021年9月交通运输部发布《交通运输领域新型基础设施建设行动方案（2021—2025年）》，提出到2025年，中国将打造一批交通新基建重点工程，智能交通管理将得到深度应用。2021年11月交通运输部出台《综合运输服务"十四五"发展规划》，提出打造数字智能的智慧运输服务体系，推动城市交通智能化发展。2021年12月交通运输部发布《数字交通"十四五"发展规划》，提出构建交通新型融合基础设施网络，建设一体衔接的数字出行网络，培育数字交通创新发展体系，强化项目全生命周期的统筹协调力度。2022年1月交通运输部、科技部联合印发了《交通领域科技创新中长期发展规划纲要（2021—2035年）》，提出推动深度融合的智慧交通建设，加快新一代信息技术及空天信息技术与交通运输融合创新应用，加快发展交通运输新型基础设施。

2. 场景开放分析

在智能交通的发展过程中，特别是在2000年以后，我国智能交通领域的研发逐步进入产业应用阶段，并开始在很多地区进行智能交通示范试点建设，为智能交通提供了应用场景，促进了智能交通行业的大力发展。在

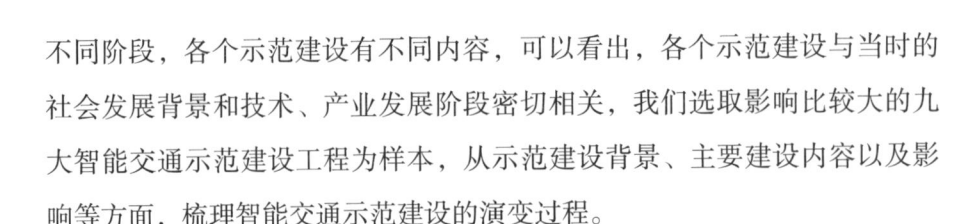

不同阶段，各个示范建设有不同内容，可以看出，各个示范建设与当时的社会发展背景和技术、产业发展阶段密切相关，我们选取影响比较大的九大智能交通示范建设工程为样本，从示范建设背景、主要建设内容以及影响等方面，梳理智能交通示范建设的演变过程。

（1）启动阶段：场景开放以体系建设为主

第一，全国智能交通系统示范城市建设（2002—2005年）。在国家科技攻关重点项目《中国智能交通系统体系框架研究》的基础上，国家在"十五"进一步设立了科技攻关重大专项——"智能交通系统关键技术开发和示范工程"。2002年4月，科技部确定北京、上海、天津、重庆、广州、深圳、中山、济南、青岛、杭州10个城市作为该项目的首批智能交通应用示范工程试点城市。示范城市的主要建设内容包括：交通信息采集、交通信号控制、交通视频监控、交通诱导（包括道路交通诱导和停车诱导）、智能公交（主要是公交调度和公交信号优先）、综合交通信息平台和服务。各个试点城市根据城市规模和交通特点，承担不同的建设任务。

（2）快速发展阶段：场景开放以技术集成和技术示范为主

第二，国家综合智能交通技术集成应用示范（2006—2008年）。2006年，科技部启动实施了"十一五"国家科技支撑计划重大项目——"国家综合智能交通技术集成应用示范"。项目设立了"北京奥运智能交通管理与服务综合系统""上海世博智能交通技术综合集成系统""广州亚运智能交通综合信息平台系统""国家高速公路联网不停车收费和服务系统""国家综合智能交通发展模式及评估评价体系研究"和"远洋船舶及货物运输在线监控系统"在内的6个课题。

第三，京津冀和长三角区域国家高速公路联网不停车收费示范工程（2007—2010年）。2007年年初，交通部（现交通运输部）下发《关于开展京津冀和长三角区域高速公路联网不停车收费示范工程建设的通知》，提出在京津冀和长三角（包括沪、苏、浙、皖等省市）范围内组织开展区域联网不停车收费示范工程建设。建设内容主要为建立京津冀和长三角区域的高速公路联网不停车收费系统。在项目示范工程的推动下，截至2010年，京津冀和长三角跨8个省市实现了跨省市联网不停车收费，并带动了国内ETC系统建设的发展。

第四，国家道路交通安全科技行动计划（2008—2011年）。为贯彻党的十七大关于"更加注重社会建设，着力保障和改善民生"的重大战略部署，进一步落实《国家中长期科学和技术发展规划纲要（2006—2020年）》，充分发挥科技创新对交通安全保障的重要支撑作用，努力减少群死群伤特大道路交通事故，构建安全和谐的道路交通环境，2008年2月，科技部、公安部、交通部（现交通运输部）共同制定了《国家道路交通安全科技行动计划》，标志着我国一次大规模的道路交通安全科技合作行动正式全面启动。项目从信息共享平台、山区公路安全保障、高速公路安全控制、营运车辆运行安全、全民交通行为安全提升、路网安全态势监测、交通安全执法等多个方面部署了7个研究课题，对交通安全的主要问题进行研究和示范应用。

（3）产业融合阶段：以技术融合和系统集成为主

第五，城市公共交通智能化应用示范工程（2012—2017年）。2012年12月29日，国务院发布《国务院关于城市优先发展公共交通的指导意见》，强调加大政府对公共交通建设的投资，努力拓宽融资渠道，鼓励智能交通发展。根据《交通运输"十二五"发展规划》所提出的在"十二五"期间选择30个城市作为"公交都市"示范城市的规划内容，交通运输部分两批实际确定了37座城市为公交都市建设示范工程创建城市。"城市公共交通智能化应用示范工程"是落实国家公交优先发展战略，推进"公交都市"创建的重要内容，建设范围包括城市公共汽电车系统的企业智能监控调度、乘客出行信息服务、行业运行监管与综合分析，并考虑与城市轨道交通、出租汽车、公共自行车、城市轮渡、综合客运枢纽等其他城市客运系统之间的信息互通，还包含建设快速公交运行监测系统。

第六，中等城市道路交通智能联网联控技术集成及示范（2013—2017年）。"中等城市道路交通智能联网联控技术集成及示范"是"十二五"国家科技支撑计划中的重要课题之一，针对中等城市的交通实际需求，研究交通状态感知技术，交叉口优化、干线协调及交通组织优化控制技术，交通信号智能联网联控和智能联网诱导等技术，研制城市交通智能联网联控平台系统及装备。项目在全国范围内选取7个示范城市（三个地级市、两个区、两个县级市）进行集成示范应用。2013年立项，2014年开始启动。项目研究成果在浙江省海宁市、江苏省泰州市、浙江省瑞安市、福建省厦门市、山东省烟台市5个城市和安徽省合肥市高新区、天津市滨海新区2个城市功能区进行了示范应用，有效缓解了示范区域干线和关键节点的交通拥堵，提高了路网的道路通行效能。目前，研究成果已在20多个城市得到推广应用。

第七，高速公路网运行状态智能监测与安全服务保障关键技术研发及系统集成（2014—2017年）。"高速公路网运行状态智能监测与安全服务保障关键技术研发及系统集成"是"十二五"国家科技支撑计划项目《道路交通安全智能化管控关键技术与集成示范》中的一个重要课题，是科技部、公安部和交通运输部联合签署的"国家道路交通安全科技行动计划"的重要组成部分，由公安部和交通运输部联合组织实施。项目面向高速公路网"可视、可测、可控和可服务"的战略需求，通过自主创新和集成应用，研发形成高速公路网运行状态智能监测与安全服务保障成套关键技术和系统装备，并在1700千米的高速公路上实施示范应用，实现了高速公路网运行状态的全时空监测，多尺度态势分析、研判、预警，跨区域协同管理和跨部门联动预警及安全信息主动推送服务。并形成了公路网监测体系建设、路网运行数据管理等标准规范和技术指南来指导行业发展。

第八，基于宽带移动互联网的智能汽车与智能交通应用示范（2015—2020年）。《中国制造2025》和《国务院关于积极推进"互联网+"行动的指导意见》中指出，当前重点任务之一就是推动新一代信息技术与汽车产业的深度融合。在此基础上，工信部提出以宽带移动互联网为依托，推动智能汽车、智慧交通等产品、服务和解决方案的发展与应用，实现我国电子信息、汽车等支柱产业的跨越式发展，提高我国工业和信息化发展水平。建设内容如下：在国内进行智能汽车上路立法起草和推进工作；建立智能汽车智能等级评定规范系统、智能汽车和智慧交通标准及测试平台、智能汽车和智慧交通信息安全标准评测共三个标准规范测评系统；开展智能驾驶、智能停车场、绿色出行、共享汽车、智慧路网、智慧物流和智慧车生活共七方面的应用示范，并基于示范运营的技术、产品等，与相关企业合作进行产业孵化。工业和信息化部分别与北京、河北、上海、重庆、浙江、吉林、湖北、广州等省（市）人民政府共建7个"基于宽带移动互联网的智能汽车与智慧交通应用示范区"。

第九，道路交通安全主动防控技术与系统集成（2017—2019年年底）。"道路交通安全主动防控技术及系统集成"项目是2017年国家重点研发计划"公共安全风险防控与应急技术装备"的重点专项。该项目针对我国道路交通安全运营中存在的车辆运行安全隐患较大、不良交通行为发生率高、高风险运行状态下预警预报明显不足等现实问题，深入研究道路交通主动安全防控中多车交互作用下系统运行风险分析、不同道路交通环境下交通行为特征表达与选择两大学科难题。成果将在高速公路、国省干线（网）、城市道路（网）及农村公路的不同道路环境开展示范应用，涵盖我国东西部5个省域。

（四）创新机制分析

1. 启动阶段：市场导向 + 环境培育

首先，我国城镇化建设必然需要智能交通的发展。20世纪90年代以来，我国城镇化率从1990年的26%快速上升到2021年64.7%，年均提高1个百分点以上。一方面，城镇化的快速发展促进了我国高速公路的快速建设，2020年年底我国高速公路里程已经达到了16万千米，连续多年成为世界高速公路总里程第一的国家。随着我国高速公路通车里程迅速增长，以人工进行现金收费的传统模式存在的人力资源耗费巨大且效率低下的痼弊逐渐显现，造成收费口处车辆通行速度缓慢，特别是高峰期拥堵严重。另一方面，随着我国经济社会的发展和城镇化进程的不断推进，我国汽车数量持续增加。据我国公安部数据显示，2010年年末我国汽车保有量仅为0.78亿辆，2021年年底我国机动车保有量达到3.95亿辆，可以看出，2010年以来我国机动车保有量年均增长率为15.88%，增幅达4.06倍。汽车数量的持续快速增长，给我国交通系统造成巨大压力，城市拥堵等交通问题越来越突出，高速公路及城市交通面临的通行效率低下、安全事故频发、大气污染加剧等问题日益严重，已成为制约我国城市化发展和影响居民生活质量的主要因素。

智能交通技术的应用，会带来很大的改善。一是带来社会资源的大幅度节约，智能交通的应用将会有助于解决拥堵、出行规划、交通安全等一系列问题，节约大量资源，符合绿色发展的需求。二是满足新的市场需求，伴随信息技术、通信技术、交通管理及其他相关等学科知识和技术的积累和应用，智能交通与各种新技术的结合愈加紧密，产生出多项具有显著社会和经济效益的产品。三是提高整个交通系统的效率。智能交通技术的创新加速涌现，智能交通新产品迭代门槛迅速降低，从而降低了用户获得和使用产品的成本，更进一步推动了产品的应用推广与市场普及。受益于网络信息技术、智能制造技术提供的强大研发工具应用，人才、信息、资本等创新要素加快流动，智能交通行业将加速推进创新发展，并长期处于高速发展阶段。科技进步将促进智能交通行业产品的应用进一步深化。这些优势都会为政府进行交通领域的技术变革提供动力。正是这种动力推动着智能交通企业不断地进行技术创新。

其次，科学突破带动了智能交通的产生。20世纪80年代以来，随着城市化的推进和汽车产业的迅猛发展，全社会的机动化程度大大提高。城市化、机动化的普及带来了大量的城市交通问题，道路安全、交通拥堵、能源安全、环境污染等严重影响人类环境的可持续发展。同时，随着计算机、通信、信息等技术的颠覆性发展，以系统的观点考察人、车、路之间的互联互通关系的思考模式逐渐受到重视，由此将先进技术与交通运输系统相结合的想法就应运而生。早在20世纪80年代末，美国、日本、欧盟等发达国家和地区就已经开始发展智能交通系统（Intelligent Transport System，简称ITS）。经过十几年的研究与应用，智能交通系统进入快速发展阶段，已取得丰富成果。目前国际ITS领域公认的代表性技术为美国的"智能车辆—公路系统"、欧洲的"里卡"联合研究开发计划和日本的"先进的动态交通信息系统"。20世纪90年代，信息技术特别是智能化技术得到了迅速发展，新技术应用为解决交通领域的突出问题带来了机遇，智能交通系统应运而生。智能交通系统的概念于1990年由美国智能交通学会提出，并在世界各国得到大力推广。

最后，新技术的出现引发了智能交通市场需求的变化。一是智能化出行和服务的市场需求的推动。现在，人们要求有更快、更灵活的新型智能化载运工具，能够广泛使用车载传感器和嵌入式中央处理器（CPU），实现V2X（全称为Vehicle to Everything，即车对外界的信息交换）实时感知与交互，能够定制出行，共享交通工具，交通管理部门能够实现低能耗、高效率的交通流优化调控等。二是交通供求、运营和服务的变化引发智能交通的变革。例如，办公模式的变革、网购带来的快递物流等将影响交通需求的变化，分时租赁将引起城市机动车保有量的变化与理念的转变，公交运营考虑线网优化与服务保障之间的均衡，资源约束条件下动静态交通的供需动态均衡的要求催生出共享租赁、共享停车位等新的市场需求。

2. 快速发展阶段：政府主导 + 场景驱动

第一，环境与交通压力促进政府进行交通领域技术变革。随着城镇化的大力推进，需要用创新手段提升城市的管理能力和服务水平，智慧城市建设应运而生。智能交通是新型城镇化建设和"智慧城市"建设的必然选择，在很大程度上拓展了行业的市场空间，为其实现快速发展提供了有利条件。新型城镇化建设迫切需要构建智能交通体系，提供有效的方案和管理工具来改善现状，智能交通产品及设备也将更为广泛地应用于诸如城市拥堵治理、智能化停车等领域。智能交通的应用，可以最大限度地发挥交通系统运行能力，减少交通事故、缓解环境污染以及能耗问题。智能交通技术体系的研究与应用源于交通安全、交通堵塞与生态环境等问题的日益突出，关乎国计民生，因此各国政府高度重视，政策引导在其技术发展过程中发挥了重要作用，在研发时予以经费支持优先资助，在产业化时大力采购并补贴，这些都是外部影响因素。

第二，新技术与市场需求相结合提出了新的场景应用需求，共同引发智能交通变革。当前，智能交通发展面临着由日新月异的新技术引起的一系列变革。特别是云计算、物联网、移动互联、大数据、人工智能、无人驾驶、虚拟现实等新一代信息技术，对智能交通带来重大改变。主要体现在四个方面：一是构建了全时空的交通信息环境。不仅可以实时获取交通系统的各个时间、各个空间全覆盖的信息，而且可以将不同范围、不同区域、不同领域的"数据仓库"加以综合，构建公共交通信息集成利用模式，发现新价值，带来新机会。二是推动了人车路一体化协同。使车辆碰撞、车辆换道、驾驶员行为状态检测等实时的状态预测、信息交互也有非常高的可靠性。三是进行智能分析和高效利用。例如通过气象、交通、保险部门的数据结合，可以研究交通领域防灾减灾，优化配置交通资源，提升交通预测预报水平。四是交通管理和交通服务的模式将发生很大的变化。不仅要关注大数据的处理能力、技术和方法，而且要意识到大数据正在创造价值，基于云服务的模式正在改变整个交通产业。

从新一代信息技术推动智能交通发展的直接表现来看，一是实现了基础信息采集手段的多元化。除了通过线圈、微波、超声波、地磁、视频等广泛应用于获取信息外，视频交通综合监测包括违法记录、牌照识别、旅行时间、轨迹推断等信息资源得到复用，基于海量移动终端、车载电子设备等交通数据采集也已形成一定规模，ETC全国高速公路实现联网，车辆电子车牌也开始推进等，构成了由时空信息、全要素信息组成的全息交通。二是实现了信息感知与交互的突破。由物流状态数据、车辆状态数据、个人出行信息、交通应急信息、海量高清视频、气象地理信息、地理信息系统地图数据、基础设施数据、城市管理数据等构成的交通大数据实现了全面、精准感知和动态实时交互。三是实现了泛在网络下的移动互联。基于移动互联的在线导航系统、视频监控系统、应急指挥系统、出行服务系统，基于短程通信的车辆防碰撞系统、基于智能识别的车辆避让系统、基于公用无线的公交Wi-Fi系统、基于各种无线信息服务走廊等，通过"互联网+信息、交易、综合服务"的形式，可以完全不受通信方式布点的限制，在任何时候、任何地点进行交通信息的处理和交通管理与服务。四是实现了载运工具的智能化。新型载运工具，车辆实时感知与交互，全新的出行模式，使人们出行变得更安全、更舒适、更环保。

总之，新一代信息技术推动交通系统变革：一是全面、精准感知和全景式交通系统带来的全息交通；二是动态实时交互带来的移动互联；三是新型载运工具带来的更快更智能更节能的出行；四是连通性带来的交通服务的改善；五是促进了交通系统的运行、运营管理模式的变革。

3.产业融合发展阶段：政府引导 + 市场规制

一方面，应用场景的扩大需要智能交通技术不断融合和渗透。由于国家具有建设智能交通的需求，智能交通企业进行技术和产品研发，如果达到技术标准，就可以向政府提供技术和产品，进而实现获利需求。智能交通企业还可以通过对技术的出售来获取巨额利润，占据市场份额，这为技术创新提供了动力。同时，由于同类智能交通企业还会受到竞争的压力，这也将导致智能交通企业不断地进行技术创新。随着新产品、新技术不断涌现，更新更好的产品和技术将不断取代原来的技术和产品。使得智能交通领域的技术产品生命周期越来越短，进而促进了智能交通技术的扩散和技术产品的更替。

另一方面，随着技术融合不断加深，智能交通新业态和新模式不断出现，如智能交通视频监控、无人驾驶等，这需要国家通过制定行为规范引导、监督、管理市场主体的经济行为，从而规范市场秩序，促进整个智能交通行业的有序发展。

（五）总结

通过对智能交通不同发展阶段的创新主体、创新要素、创新环境、创新机制进行分析，我们可以得出如下结论，见表7-4。

表7-4　智能交通不同阶段特点

发展阶段	技术特点	变量	创新主体	政策重点	创新来源	创新机制
启动基础科学突破阶段	理论引进、技术发明	专利	个人、科技型小企业为主	无	个人和小企业抢占市场先机	市场主导下的自由探索
		论文	高校、领域从业人员为主	无	高校研究者科研兴趣激励	
快速发展阶段	共性技术和关键技术突破	专利	高校和企业为主	基础研发，示范工程	政府主导进行基础技术研发	政府主导下的战略布局
		论文	高校为主	国家重大科技计划，基金支持	以科研项目进行发表	
融合产业阶段	技术融合	专利	企业为主	财税政策，法律法规	技术交叉融合	政府引导下的技术扩散
		论文	高校为主	基金支持，企业资助	多学科交叉融合	

1. 不同阶段专利主体结构

（1）专利申请初始阶段：个人申请为专利申请主体，专利申请比较分散早期的专利申请者主要为相关领域的从业人员和科技型小企业，他们能够比较早地把握市场前沿，并开始专利的申请。

（2）专利申请快速增长阶段：高校和企业成为专利申请主体，专利申请开始集中

随着市场不断成熟，产业应用开始出现，企业和高校开始进行专利布局。国外公司开始在我国进行专利布局。

（3）专利申请起飞阶段：企业成为专利申请主体，专利申请非常集中

随着产业应用领域不断拓展，智能交通各个子领域开始进行专利申请，产业发展开始进入爆发阶段，专利申请数量开始进入起飞阶段。企业成为这一时期的专利申请主体。

（4）专利申请平稳增长阶段：高校成为主要专利申请人，专利申请比较分散

智能交通各个子领域逐渐成熟，产业开始进入稳定阶段，智能交通已经开始和大数据、物联网、人工智能等新兴技术融合，技术发展处于融合发展期。高校成为专利发明的主体。这一时期，智能交通各个产业领域发展趋于稳定，技术融合成为这一时期的主要趋势，专利申请主要集中在高校。

2. 专利和论文关系识别技术突变点

（1）技术形成阶段（1984—2002年）：论文数量缓慢增长，专利申请开始出现

这一阶段属于自由探索阶段。他们最早对智能交通领域的概念和体系进行研究，主要集中于交通系统的智能控制、交通信号控制、车辆智能系统、智能交通技术等领域。这一阶段专利申请也主要集中在智能交通的信号处理、控制系统、信息网络、射频技术等领域。

（2）关键技术突破阶段（2003—2010年）：论文快速增长阶段，专利申请快速增长并且在产业领域爆发

论文发表主要涉及智能交通系统、交通运输系统、电子收费系统、全球定位系统等领域，高校成为论文的主要发表机构。同时，随着政府在

智能交通的基础科学领域和关键技术领域进行研发支持，专利申请快速增长，企业成为专利申请主体。专利集中在智能交通检测系统、车辆收费系统、交通信号控制、交通可变指示装置等领域。

（3）技术融合阶段：专利数量下降，论文数量上升

2017年以后，专利的数量已经开始平稳并趋于下降，说明主导技术已经开始成熟，但是论文数量还在稳步上升期，说明新的知识创造开始酝酿。通过实际分析，可以看出智能交通已经开始和大数据、物联网、人工智能等新兴技术融合，智能交通技术已经开始和其他领域的技术进行集成，并实现新一轮的价值跃迁，这时新的技术形态正在产生。从政策角度来看，新一轮的技术融合开始阶段也是新兴技术的政策窗口期，国家可以适当进行战略布局，促进新技术的融合发展。这一时期，技术结构越来越复杂，功能越来越多。

3.投资技术领域变化趋势

在早期阶段，随着智能交通理念的引入，政府开始进行智能交通系统体系框架的设计，然后，随着应用场景的出现，政府开始进行智能交通标准体系与共性技术开发的研究工作。其中，测量勘测导航、模型与演示用具、交通控制系统三项技术成为智能交通的基础与共性技术。例如，卫星导航技术中的环境感知、路径规划技术，模型与演示用具可以将搜集、分析到的数据可视化地展现出来，并通过与交通控制系统融合可以实现准确预测、实时控制，提升了交通系统的智能化水平。这一时期，企业技术主要集中在智能交通的信号处理、控制系统、信息网络、射频技术等领域。

在快速发展阶段，随着智能交通的产业领域不断扩大，智能交通开始从共性技术向关键技术突破转变。这一阶段，随着处理器的运算速度与存储器的存储空间大大提升，技术研发的重点转向道路交通控制、路径规划、通信系统、信号传输等领域，相关技术开始大力发展，智能交通进入车路协同与联动控制阶段。政府也进行了智能化交通指挥、调度与管理系

统、智能公交调度，综合交通信息平台为主要内容的示范工程建设。智能交通的各个产业领域开始进入爆发阶段，企业的技术主要集中在智能交通检测系统、车辆收费系统、智能交通控制系统等领域。

在稳定发展阶段，产业逐步进入成熟发展阶段，智能交通技术已经开始和大数据、物联网、人工智能等新兴技术融合。这一时期的技术主要集中在交通控制系统、车辆识别系统等领域。政府在智能交通的前沿领域和关键核心技术进行布局，对智能车路协同、区域交通协同联动控制等技术进行部署，实现技术集成。我国正式开通了北斗卫星导航系统的服务。同时，智能交通技术开始在产业领域加速应用。互联网与智能交通领域的深度融合会推动整个交通发展模式变革及技术创新，通过跨界融合、商业模式创新、智能驾驶和智慧城市建设引领智能交通的技术创新和产业升级。大数据的充分挖掘与应用是智能化的重要体现，以人工智能为代表的通信、传感、存储及车载终端、移动终端等技术蓬勃发展，采集到的数据量指数倍增长，加强了交通行业间各个主体的技术合作与协作，促进了智能交通科技创新与发展，技术交叉融合与相互促进成为大势所趋（见图7-15）。

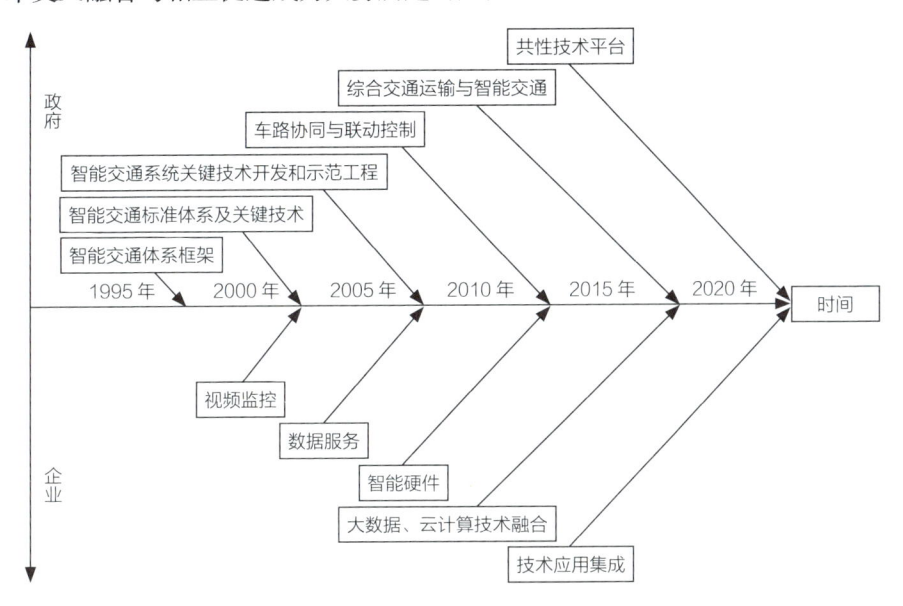

图 7-15　投资技术领域变化趋势图

4. 政策的同步性分析

颠覆性技术能够改变原有的技术结构和技术路径，在技术发展路径上出现跳跃性变化，引起技术范式发生重大迁移，从而导致市场结构变化，以及新产业的兴起或原有产业的衰亡。从技术层面来看，与原有成熟技术相比，颠覆性技术在发展初期不确定性很高，且市场预期收益偏低，存在"市场失灵"现象，这需要发挥政府作用，从技术研发、产业规划和市场培育等不同方面制定政策以促进突变性技术的发展。根据颠覆性技术在不同阶段的演进特征，构建一条与颠覆性技术发展相契合的政策，促进技术突破和产业发展。并且，当完成政策的技术目标时，应由市场主导代替政府主导实现其产业发展。

在启动阶段（1990—2002年），技术还在初级阶段，政策以基础研发为主，应用场景还处在培育阶段。这一时期，国家通过专项行动计划成立了智能交通研究基地，鼓励智能交通的应用基础研究，构建了中国智能交通体系框架和标准体系。在"十五"规划纲要中指出"以信息化、网络化为基础，加快智能型交通的发展"。2002年开始了全国智能交通系统示范城市建设（2002—2005年），科技部确定了10个试点城市，建设重点包括交通信息采集、交通信号控制、交通视频监控、交通诱导、智能公交、综合交通信息平台和服务等。

在快速发展阶段（2003—2010年），政策以支持关键技术研发和技术路径选择为主。2006年2月，国务院发布的《国家中长期科学和技术发展规划纲要（2006—2020年）》将"交通运输业"列为11个重点领域之一，提出了建立智能交通管理系统。2006年，政府启动了国家科技支撑计划"国家综合智能交通技术集成应用示范"重大项目，主要是将交通管理与服务综合系统、综合信息平台系统、不停车收费和服务系统作为重点。场景开放以技术集成和技术示范为主。2007年，开始了京津冀和长三角区域国家高速公路联网不停车收费示范工程，对技术应用发展起到了重要推动作用。2008年4月颁布了《高新技术企业认定管理办法》（在2016年1月颁发了修订后的《高新技术企业认定管理办法》后已予以废止）将"智能交通技术"列为国家重点支持的高新技术领域。

在产业融合阶段（2011年至今），国家政策主要通过税收优惠、财政补贴、低息贷款等措施，对智能交通产业优先从政策上给予扶持，通过产业规制政策，设定技术标准和规范，对整个行业的发展方向给予指导。从技术来看，主要是对智能交通收费系统、交通信息服务系统、智能车路协同、区域交通协同联动控制等先进技术进行支持。同时，随着大数据、人工智能等新兴技术的出现，2015年，国务院发布《关于积极推进"互联网+"行动的指导意见》，明确支持"互联网+交通"技术融合。2019年9月，国家发布了《交通强国建设纲要》，提出开发新一代智能交通管理系统，完善综合交通法规体系，推动重点领域法律法规制定修订。这一时期的应用场景开放主要以技术融合和系统集成为主，如2012年城市公共交通智能化应用示范工程、2013年中等城市道路交通智能联网联控技术集成及示范、2015年基于宽带移动互联网的智能汽车与智能交通应用示范以及2017年道路交通安全主动防控技术与系统集成；等等。

本章参考文献

[1] 韦婷. 2021年中国智能交通行业市场规模与发展前景分析 整体市场规模超1600亿元［EB/OL］.（2021-05-12）［2022-06-01］. https://www.qianzhan.com/analyst/detail/220/210512-24261353.html.

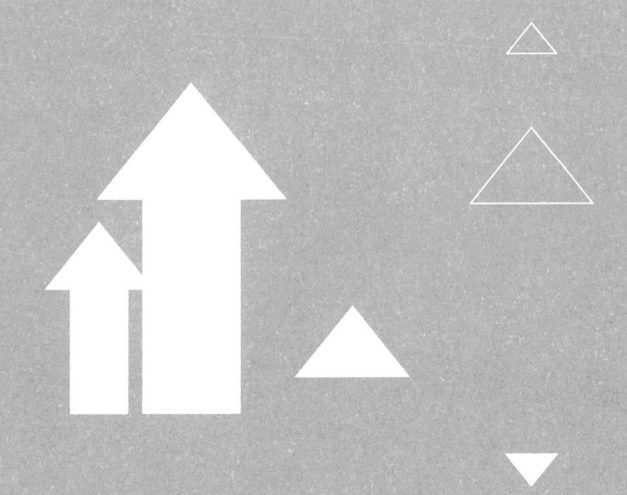

第八章
我国颠覆性技术创新生态建设现状及启示

第八章 我国颠覆性技术创新生态建设现状及启示

一、我国颠覆性技术创新生态建设现状

颠覆性技术因能颠覆传统技术路线和改变游戏规则等重大作用，受到美国、日本等世界主要创新型国家的高度重视。为推进颠覆性技术创新发展，这些国家采取多种措施加强颠覆性技术创新生态建设，这些政策举措包括：聚焦国家战略重点和需求，设立专门的支持颠覆性技术的资助机构或计划、基金，采取非常规的项目管理方式资助颠覆性技术研发创新；对重要颠覆性技术进行专项部署，系统推进颠覆性技术的发展和应用；完善对颠覆性技术创新的治理和监管，在鼓励创新和降低风险之间取得平衡等等[1]。我国政府高度重视颠覆性技术创新，将颠覆性技术创新视为新一轮科技革命背景下把握创新主导权的重要突破口，且从多个维度积极培育和塑造有助于颠覆性技术创新发展的生态环境。在多年努力下，当前我国颠覆性技术创新生态建设取得了积极进展，有助于颠覆性技术创新的生态环境不断改善。

（一）国家创新生态系统积极构建，创新生态环境不断改善

随着创新驱动发展战略的深入实施，我国创新系统范式正向创新生态范式过渡，由生产者导向的产学研协同创新体系逐步转向建立用户导向的产学研用"共生"的知识共享平台，由政府、研发机构与企业组成的"三螺旋"结构转为形成"政府—企业—高校院所—用户"的"四螺旋"创新范式，多主体间开始实现价值共创，有利于创新的社会环境逐渐形成，资源得到更加合理的配置，创新的目的不再局限于提高创新效率和市场效益，加入了价值共创和创新环境优化下的创新生态自组织演化。因此，目前我国尚处于"国家创新体系"和"国家创新生态系统"的交叠阶段，创

新生态建设开始进入生态系统化、跨组织创新的网络化创新阶段，更加关注创新体系的多主体协同治理，重视对包含创新链、价值链、产业链、人才链、资金链在内的创新生态的系统性宏观治理。

进入21世纪以来，随着信息通信技术的普及和快速发展，创新生态环境动态化和成员组织变动性增强，用户对企业创新的重要性日益凸显，企业的创新模式逐步发生变化。企业创新从创新源局限在企业内部的封闭式创新发展到广泛获取企业外部的开放式创新，最终发展到当前更加重视资源整合与共生发展的嵌入/共生式创新。企业不再是完全相互独立的个体，而是通过各种渠道与其他企业和组织相互联系、相互融合的有机整体，个体命运与整个生态环境息息相关，企业创新更加重视资源整合与共生发展，努力实现共生演化。伴随着企业发展逐渐由企业独立发展向共生演化转变，企业创新共生依赖日益加剧，企业创新开放协同日益扩展，企业商业战略也开始由简单的联合作业向协同、系统的合作转变，企业竞争逐渐从产品竞争转向平台竞争。创新生态环境的核心企业开始建立自己的服务、技术等网络平台，与生态环境中的其他成员建立合作，形成遵照统一标准的多组织社群，并创造单一组织无法提供的产品和价值。硅谷之所以能够持续产生颠覆性技术创新，这与当地积极推进创新生态系统建设是密不可分的，研究表明构建新颖且强大的企业创新生态系统是推动企业从"后发者"向"颠覆者"转变的关键路径[2]。

随着社会的发展，由于创新范式和企业创新模式这两者的本质特征发生变化，我国的创新政策经历了由科技管理向创新治理的转变，并且正在积极探索新一代创新政策，创新治理、需求侧政策、科技政策等将会被广泛学习、全面制定和深入推广。政府的宏观管理侧重点由政府主导科学研究、占领科技制高点，以及推动研发产业化、探寻经济增长点逐步转为更加关注民生和重视生态化的发展创新。政府开始从需求侧、环境面主导创新政策，而不像以往仅从供给侧出发制定创新政策。政府支持和关注的重点由提供科研经费和框架性政策逐步转变为积极培育创新生态。

（二）颠覆性技术创新备受重视，颠覆性技术创新政策不断出台

习近平总书记多次强调要在颠覆性技术创新方面主动作为，对颠覆性技术创新生态建设提出了更高要求。2017年10月，习近平总书记在党的十九大报告中指出要"突出关键共性技术、前沿引领技术、现代工程技术、颠覆性技术创新"，加快建设创新型国家。2018年5月，习近平总书记在中国科学院第十九次院士大会、中国工程院第十四次院士大会上的讲话中强调，"以关键共性技术、前沿引领技术、现代工程技术、颠覆性技术创新为突破口，敢于走前人没走过的路，努力实现关键核心技术自主可控，把创新主动权、发展主动权牢牢掌握在自己手中"。2020年9月，习近平总书记在科学家座谈会上强调，在激烈的国际竞争面前，在单边主义、保护主义上升的大背景下，我们必须走出适合国情的创新路子，特别是要把原始创新能力提升摆在更加突出的位置，努力实现更多"从0到1"的突破。习近平总书记关于颠覆性技术创新的系列论述，为颠覆性技术创新发展提供了根本遵循，为颠覆性技术创新政策的出台提供了方向指引。

我国高度重视颠覆性技术创新发展，促进颠覆性技术创新的政策文件不断涌现（见表8-1）。2016年3月，我国在《中华人民共和国国民经济和社会发展第十三个五年规划纲要》中，首次提出要"更加重视原始创新和颠覆性技术创新"。同年5月出台的《国家创新驱动发展战略纲要》指出"颠覆性技术不断涌现""发展引领产业变革的颠覆性技术""高度关注可能引起现有投资、人才、技术、产业、规则'归零'的颠覆性技术，前瞻布局新兴产业前沿技术研发，力争实现'弯道超车'"。同年8月印发的《"十三五"国家科技创新规划》强调要"加强对颠覆性技术替代传统产业拐点的预判"，发展引领产业变革的颠覆性技术。2018年1月出台的《国务院关于全面加强基础科学研究的若干意见》强调，要"加强应用基础研

表 8-1　关于颠覆性技术创新生态建设的重要政策文件

序号	政策文件名称	发布时间	相关内容
1	中华人民共和国国民经济和社会发展第十三个五年规划纲要	2016年3月	更加重视原始创新和颠覆性技术创新
2	国家创新驱动发展战略纲要	2016年5月	发展引领产业变革的颠覆性技术；高度关注颠覆性技术
3	"十三五"国家科技创新规划	2016年8月	发展引领产业变革的颠覆性技术
4	国务院关于全面加强基础科学研究的若干意见	2018年1月	突出颠覆性技术创新
5	中关村国家自主创新示范区关于支持颠覆性技术创新的指导意见	2018年11月	形成颠覆性技术遴选、培育和管理机制
6	中华人民共和国国民经济和社会发展第十四个五年规划和2035年远景目标纲要	2021年3月	加强颠覆性技术供给；加速战略性前沿性颠覆性技术发展

资料来源：作者整理。

究，围绕经济社会发展和国家安全的重大需求，突出关键共性技术、前沿引领技术、现代工程技术、颠覆性技术创新"。同年11月，中关村科技园区管理委员会印发了《中关村国家自主创新示范区关于支持颠覆性技术创新的指导意见》，提出通过三至五年的探索，初步形成符合创新规律和产业变革发展方向的颠覆性技术遴选、培育和管理服务机制，挖掘支持一批颠覆性技术创新的重大成果和产业化项目，培育吸引一批开展颠覆性技术创新的优秀人才和创新团队，加快孵化一批颠覆性技术创新企业，推动构建基于颠覆性技术的产业生态，初步形成若干个引领产业技术变革方向、具有巨大市场潜力的新兴产业集群，有力支撑中关村示范区高精尖产业发展和北京全国科技创新中心建设。这是中关村示范区积极落实国家战略、抢占前沿科技制高点的一个重要举措。2021年3月份发布的《中华人民共和国国民经济和社会发展第十四个五年规划和2035年远景目标纲要》强调，要加强前沿技术多路径探索、交叉融合和颠覆性技术供给，前瞻谋划未来产业，发展壮大战略性新兴产业；要加速战略性前沿性颠覆性技术发展，加速武器装备升级换代和智能化武器装备发展。

（三）颠覆性技术创新部署不断落实，创新生态建设任重道远

在习近平总书记系列讲话和相关政策文件精神的指引下，我国科技有关部门围绕颠覆性技术创新进行了系统筹划和任务布局，相关工作得到有序开展。在"十四五"重点研发计划中启动实施"颠覆性技术创新"重点专项，率先在电子信息、人工智能等可能产生重大颠覆性突破的技术领域优先布局。2021年5月，科技部发布《国家重点研发计划"数学和应用研究"等"十四五"重点专项2021年度项目申报指南》，其中研究制定了"揭榜挂帅"榜单模板，并作为单独附件随指南发布，标志着在我国重大科研任务中正式实施"揭榜挂帅"制度。2021年7月，科技部印发《科技部举办全国颠覆性技术创新大赛的通知》，聚焦集成电路、人工智能等可能产生重大颠覆性技术突破的关键领域，在全国举办颠覆性技术创新大赛，大赛为优胜企业提供宣传展示、择优推荐、深度孵化和成果转化等服务。本次大赛吸引了来自全国的2724个项目报名参赛，最终有36个优质项目获得了大赛最高奖项——优胜奖。为加快推动颠覆性技术创新，探索符合颠覆性技术创新特点和规律的项目发现遴选机制，科技部于2021年8月发布《科技部办公厅关于开展颠覆性技术研发方向建议征集工作的通知》，面向有关单位和广大科研人员，开展颠覆性技术研发方向建议征集工作。此外，科技部还通过筹划全国颠覆性技术创新大赛等多种形式，主动发现、挖掘一批潜在的颠覆性技术创新方向。此前，在2020年12月科技部和北京市揭牌建立起全国第一个颠覆性技术创新基金——北京颠覆性技术创新基金，首期规模1亿元，面向北京全国科技创新中心建设和经济社会

发展重大战略需求，积极布局和发展颠覆性技术，吸纳各类创新主体参与颠覆性技术创新项目，积极探索央地和社会资本共同支持颠覆性技术研发新模式。

我国通过支持面向颠覆性技术创新培育的科研平台、国家重点实验室等举措加强颠覆性技术创新基础设施建设；通过对高校科技型人才的前端布局和重点培养等举措加强颠覆性技术创新人才培养；通过加强面向颠覆性技术创新的知识产权管理以及监管机制建设等强化颠覆性技术创新法规管制环境。尽管近年来我国在颠覆性技术创新方面出台了大量政策文件，颠覆性技术创新生态建设取得了积极进展，但是与美国、日本等发达国家相比，我国对颠覆性技术创新进行战略部署的时间比较晚，在颠覆性技术创新生态建设方面还存在诸多亟待完善的地方。我国颠覆性技术创新生态建设还未能完全遵循创新生态建设的客观规律。虽然出台了系列支持政策，但关于颠覆性技术创新的评价机制、财务金融以及租税优惠等政策类型较少，颠覆性技术创新环境面政策的影响效应也非常有限[3]，尚未形成系统完善的政策引导体系，以及有利于创新人才培养，用于探索、潜心钻研、包容失败的颠覆性技术创新生态环境，亟待建立更加灵活宽容的创新管理体系和产学研环境，加大力度引导颠覆性技术创新生态建设向纵深推进。

二、颠覆性技术创新生态建设启示

就颠覆性创新而言，需要从创新主体、创新要素、创新环境、创新政策、创新机制等生态视角去理解和研究颠覆性创新，进而全面提升创新能力。同时，创新生态理论强调创新主体与创新环境之间的有机联系以及从系统整体的角度思考问题，对颠覆性创新的产生和发展具有重要的价值。

（一）科学突破是颠覆性技术产生的基础

颠覆性技术创新的产生，从根本上来看是基础科学取得重大突破之后，在经济社会发展中引起技术变革，进而产生颠覆性效果。基础科学反映了人类认识自然现象、揭示客观规律的探索成果，虽然不能直接应用于实践中来改造世界，但却是孕育能够改变世界的技术和手段的知识土壤，是社会发展的最根本动力。虽然基础科学不能带来直接的经济效益，但是能提高创新能力，推动技术的产生和发展。因此，我们国家在重视颠覆性技术产生的同时，一定要注重基础科学的发展。鼓励大学和科研院所积极参与自由探索，这是产生颠覆性技术的根源。同时，由于颠覆性技术不确定性强，需要建立宽松的环境，充分发挥科学家的积极性，为科研机构建立稳定的基础研究支持体系。

（二）科技型中小企业在颠覆性技术创新早期阶段具有先导作用

由智能交通的案例可以看出，在早期的发展阶段，科技型中小企业是颠覆性创新的重要力量，是技术创新的主要载体。现阶段，随着新一轮技术革命与产业革命加速演进，我国经济转型升级也处于关键时期，科技型中小企业是推动我国经济转型发展、自主创新的主力军。科技型中小企业不仅集中于新兴产业，还存在于传统产业中知识密集、对技术有较高要求的产业链环节。作为以创新为生存手段的特殊企业群体，科技型中小企业是提高自主创新能力和推动产业升级的重要引擎，同时也是推动我国经济社会可持续发展的主要载体。科技型中小企业创新活力强，具有明显的创新驱动特征，是颠覆性技术创新中的生力军。在选择未来技术发展方向时，大企业考虑到大量存量资产及其在主流市场的主导地位，往往对于未来成长潜力不确定、短期内难以获得经济回报的革命性技术缺乏足够关注，执着于沿既有技术轨道进行渐进性创新，而科技型中小企业往往具有足够的热情推动技术变革，通过颠覆既有市场来争夺市场主体地位。

由于技术变革及其市场应用存在不确定性，科技型中小企业在初创时期的研发活动和经营活动面临着极大的风险，在自身获取资源能力和范围有限的情况下更容易受到市场外部环境的影响，往往会陷入"死亡之谷"中。如何跨越"死亡之谷"成为制作科技型中小企业健康成长的最大问题。究其根本，市场机制的不完善是"死亡之谷"现象层出不穷的关键影响因素，对科技型中小企业开展创新活动形成了明显制约。因此，不仅需要科技型中小企业通过自身努力来跨越"死亡之谷"，更需要政府通过政策和制度手段构建良好的创新生态环境，为企业的创新活动提供有力外部支撑。首先，政府应当根据科技型中小企业发展面临的现实问题，建立创新市场的进入和退出机制、创新主体公平竞争机制、知识产权保障及转移转化机制等，逐步完善相关市场机制和法律法规。其次，健全融资扶持体系，一方面通过制定实用性的税收优惠政策鼓励企业进行创新，另一方面不断完善投融资体系尤其是风险投资机制，引导资金流向科技型中小企业。最后，促进企业孵化器和众创空间等孵化组织运营规范化，逐步健全支持企业孵化器发展的优惠扶持政策，注重企业孵化器软环境建设。

（三）促进科研机构在颠覆性技术创新中的跨领域融合作用

颠覆性技术不仅可以通过技术突变产生，也可以通过横向学科的交叉融合产生，尤其是基础科研的交叉融合是颠覆性技术产生的重要方式。站在新形势、新起点下，我们需要加强基础研究工作中的学科交叉融合属性，注重在信息、材料、生命和物质等科学领域中发挥学科交叉融合的优势，力争在更多关键核心技术领域取得颠覆性技术创新。一方面可以发挥大学和科研院所的优势，构建基础研究领域的多学科交叉融合平台，重视跨学科合作的作用；另一方面高校也可以和企业结合，建立基于技术融合的创新平台，重视新兴技术在经济领域中的应用。

（四）颠覆性创新需要技术创新链和产业链协同发展

任何创新生态系统均是建立在产业链和创新链的基础之上的，以此串联起不同的创新主体和创新要素，并驱动颠覆性创新由技术创新向价值实现不断转化。政府、企业、高校、科研机构、中介机构、金融机构等主体及其提供的各类不同要素是创新生态系统的基本构成成分。而要整合这些不同的创新主体和创新要素以形成有机整体，则必须依赖于产业链和创新链的作用：创新链能够整合高校及科研机构、企业、技术中介机构等主体形成"基础研究—应用研究—技术开发—产品研制"的"知识—技术流"创新发展路径；产业链能够整合上下游企业以及市场管理机构等主体形成"原料采购—零部件生产—产品制造—市场营销—售后管理"的"产品—价值流"产业发展路径[4]。产业链和创新链的稳定运作能够促进资本、人才、知识和技术等创新要素在不同创新主体之间的有序流动和合理定价。此外，也要充分认识到，创新链和产业链并不是相互独立运转的两条平行链条，而是在各共同主体内部以各类要素的配置为外在表现形式相互影响、相互制约，进而形成以创新主体为节点、以创新要素为介质的创新网络。所以，推动颠覆性技术创新发展需要全面评估创新系统内部产业链和创新链的完备程度和协同程度。

在创新链的构建上，需要加强"产学研"协同创新力度，并提供必要的创新服务，包括科技金融支持、技术转移平台构建、企业孵化器建设、交易机制设计等。在产业链的发展上，不仅需要从整体角度客观合理评估新兴产业发展核心要素的充裕度、产业链的完备度和资源禀赋特点，据此制定产业发展规划，引导产业积聚和发展，还需要通过内部投资和外部引资相结合的方式补齐产业链短板、壮大产业链优势，促进全产业链协同发展。

（五）生态体系中需要各创新主体的战略定位与协同

各创新主体在创新系统中承担的角色和功能是各不相同的，主体间的密切合作和有序竞争是创新生态系统得以形成并高效运作的基础条件和内在规定。对于每一个创新主体而言，如何在谋求自身持续健康发展、不断提升自身生态位的同时，又能够推动整个创新生态系统共生演进，促使其运行效率不断提高，是一个至关重要的问题。此外，创新主体之间的竞争越来越表现为生态体系层面上的竞争，创新个体的发展前景与创新生态系统联系愈发紧密。在这一层面上来说，我们更应该关注创新生态系统而非某一创新个体的发展趋势。

核心企业通常是平台的建设者、体系的主导者，其创新战略取向往往能够左右整个生态系统的演进方向，在整个创新生态系统的生存和发展中具有极为重要的地位和作用。因此说，核心企业不能仅仅考虑自身发展和利益得失，更需要承担起责任和使命，以促进创新生态系统持续健康发展为工作出发点，通过公开标准接口技术、共享科技资源、优化管理体制等措施降低系统创新成本、提升平台吸引力，推动整个创新生态系统的发展和繁荣。而中小企业则需要不断提升自身体系感知能力、机会捕捉能力和威胁管理能力等，结合自身实际情况制定适宜的经营发展战略，这对于中小企业强化市场地位、摆脱技术锁定具有重要作用。与此同时，还需要构建企业、高校、科研院所等创新主体之间的协同共生机制，实现创新主体间利益共享、风险共担，促进知识、资本、人才等创新要素和资源的自由流动，增强资源配置和整合能力，积极推动建立市场导向的开放式创新生态系统。

（六）构建开放式创新机制有利于颠覆性技术创新

随着科学技术发展精细化程度不断提高，技术更新速度越来越快，然而企业知识外溢问题却越发突出，加之创新活动的成本和风险与日俱增，在资源获取受限的情况下，企业通过传统的封闭式创新维持其技术优势的方式显得越来越吃力。为此，企业只有开放创新边界，积极寻求与其他外部主体协同创新，才可以扩大既有的市场。在开放式创新机制下，颠覆性创新发展的微观路径主要在于：一是以产业内核心企业为主导，组建技术创新联盟和产业联盟，通过技术并购、技术购买和技术互换的形式加快外部技术资源的输入，还可通过技术转让、技术许可及技术共享的方式扩大外部市场。二是鼓励产业内的核心企业打破企业边界，带动存在核心技术关联的企业群与政府、大学及科研机构、专业咨询公司、科技创新中介、关联企业甚至竞争企业建立彼此开放的创新体系，以获取更高的创新绩效。三是开放式创新的根本动因在于"利益共享"，因此，有效的利益分享机制以及风险分担机制同样需要在开放式创新机制建设中得到规划与设计。

本章参考文献

[1] 程如烟，孙浩林. 主要经济体支持颠覆性技术创新的政策措施研究［J］. 情报学报，2021（12）：1263-1270.

[2] 王海军. 为什么硅谷能够持续产生颠覆性创新——基于企业创新生态系统视角的分析［J］. 科学学研究，2021（12）：2267-2280.

[3] 张瑶，张光宇. 双重视角下颠覆性技创新的政策文本分析［J］. 技术经济与管理研究，2021（11）：35-40.

[4] 王明，吴幸泽. 战略新兴产业的发展路径创新——基于创新生态系统的分析视角［J］. 科技管理研究，2015，35（9）：41-46.